冰球运动解剖学

[美] 迈克尔·特里（Michael Terry）
保罗·古德曼（Paul Goodman）　著
史东林　译

人民邮电出版社
北　京

图书在版编目（CIP）数据

冰球运动解剖学 ／（美）迈克尔·特里
(Michael Terry)，（美）保罗·古德曼（Paul Goodman）
著；史东林译. -- 北京：人民邮电出版社，2021.6
ISBN 978-7-115-55268-6

Ⅰ. ①冰… Ⅱ. ①迈… ②保… ③史… Ⅲ. ①冰球运
动－运动训练 Ⅳ. ①G862.32

中国版本图书馆CIP数据核字（2020）第247717号

版权声明

免责声明

本书内容旨在为大众提供有用的信息。所有材料（包括文本、图形和图像）仅供参考，不能替代医疗诊断、建议、治疗或来自专业人士的意见。所有读者在需要医疗或其他专业协助时，均应向专业的医疗保健机构或医生进行咨询。作者和出版商都已尽可能确保本书技术上的准确性以及合理性，并特别声明，不会承担由于使用本出版物中的材料而遭受的任何损伤所直接或间接产生的与个人或团体相关的一切责任、损失或风险。

内 容 提 要

本书从运动中的冰球运动员、力量、爆发力、速度、敏捷性、灵活性、平衡性、核心稳定性到运动损伤康复9个章节进行讲解，通过103个高效的冰球练习动作图、详细的步骤与全彩解剖图，以及68个变式动作，帮助读者有针对性地进行训练，有效提高运动水平。本书适合所有级别的冰球运动员、教练员、体能教练及运动爱好者阅读。

♦ 著　　　　［美］迈克尔·特里（Michael Terry）
　　　　　　　保罗·古德曼（Paul Goodman）

　　译　　　　史东林

　　责任编辑　李　璇

　　责任印制　周昇亮

♦ 人民邮电出版社出版发行　　北京市丰台区成寿寺路 11 号
　　邮编　100164　　电子邮件　315@ptpress.com.cn
　　网址　https://www.ptpress.com.cn
　　天津市豪迈印务有限公司印刷

♦ 开本：700×1000　1/16
　　印张：14　　　　　　　　　　2021 年 6 月第 1 版
　　字数：271 千字　　　　　　　2021 年 6 月天津第 1 次印刷
　　著作权合同登记号　图字：01-2019-3963 号

定价：168.00 元

读者服务热线：**(010)81055296**　印装质量热线：**(010)81055316**
反盗版热线：**(010)81055315**
广告经营许可证：京东市监广登字 20170147 号

我要将本书献给我的孩子威廉（William）、艾里逊（Allsion）和托马斯（Thomas），以及我的妻子琳内（Lynne）。衷心感谢你们给予的一切。

——迈克尔·特里（Michael Terry）

谨将本书全心全意地献给我的妻子苏珊（Susan）。她的存在、道德和温柔的性情始终鼓舞并激励着我。

——保罗·古德曼（Paul Goodman）

目录

前言

让我们正视一个事实——冰球运动员与世界上任何其他运动的运动员都不同。我并不是要贬低其他运动的运动员，但是穿戴着沉重的装备并用球杆操纵微小冰球的同时，还要在坚固墙壁封闭起来的冰场上用纤薄的冰刀踩蹬冰面四处飞驰，同时还要防止5名对手把你撞出围挡，确实需要一定水平的技能。

事实上，冰球运动员之所以独特是因为其移动方式非常特别。如果阅读本书的你是一位年轻运动员，就会知道冰球运动员自幼起就被教导要用非常规的方式移动，这样才能用冰鞋向着每一个可能的方向移动身体。与跑步不同，滑冰需要通过向侧面蹬冰（而不是向后蹬地）的方式，利用股四头肌、臀肌和小腿肌群实现高速度和爆发力。强有力的滑冰者总是重点锻炼这些部位，这有助于在冰面上有更好的表现，但从长期来看会导致许多其他问题。

重点是，在保持灵活性、运动能力和持久性的同时将身体训练得能快速移动、拥有爆发力并且强有力，这一点的重要性前所未有。我敢肯定，当你想到冰球运动时，一定会想到速度和爆发力。培养这些技能是很有趣的，不过很容易忽略灵活性和柔韧性。但是如果你想尽可能长时间处于最佳状态，那么将所有这些不同类型的训练结合起来就非常重要。这可能会成为一个错综复杂的过程。我的意思是，如果你全神贯注于一份永无止境的非冰面训练清单，那么你如何专注于掌握所有冰面技能呢？值得庆幸的是，我的好朋友迈克尔·特里和保罗·古德曼对此十分了解。

迈克尔·特里医生作为芝加哥黑鹰队的骨科医生已经有12年了。他不仅目睹过大量的骨科伤病，还目睹过许多康复案例。了解人体结构是一方面，他更将对冰球运动员解剖学的理解提升到了更深的层次。约见特里医生通常意味着情况已经非常严重，并且需要采取极端措施来解决了。

另一方面，保罗担任芝加哥黑鹰队力量教练的时间几乎与他和特里医生在球队共事的时间相同。他的工作包括初始损伤预防、赛季内养护、休赛季峰值表现和损伤康复等。如果你想成为一名职业冰球运动员，就必须全身心地投入其中。这同样适用于保罗在理解哪些事情让运动员变得更出色这一方面的投入程度。他不仅会帮助你调整身体，还会帮助你调节对待比赛的心理、情感和精神状态。

许多人将芝加哥的三个斯坦利杯冠军归功于冰场上的运动员，在某种程度上，这无可厚非。但是我们没有看到的是，幕后许多其他有技术、有天赋的人是如何奉献自己的人生来造就运动员在冰场或者电视上所展示的成功的。

保罗和特里医生正是这些幕后人员的典范。他们是一对非常棒的搭档——不仅仅是因为他们各自有不同的专长，还因为他们的知识能相互对接并能很好地交流。两位医生与各自的运动员密切接触，帮助他们理解为什么他们要这样做。他们希望他们提问、学习和成长。

在到达巅峰的过程中，重要的是从自己的反复尝试中汲取经验，但有时你也可以走点捷径，从他人的失败和成功中汲取经验来提升自己。本书是与顶级运动员合作多年的两位作者，历经数年辛勤工作和实践经验的巅峰之作。换言之，它就是一个重要的捷径，所以你要让它为你所用！

冰球是一项很棒的体育运动，因为它会让你不断挑战自我。总会有新的障碍冲你而来，它促使你适应环境、不断学习并变得更出色。我真希望在我年轻的时候拥有这本书，因为它是能让我使用多年的出色工具。无论你从本书中学到多少，绝对不要忘记，最好的冰球运动员永远都不会停止学习并且永远不会停止提高自己的比赛技能。

——乔纳森·特夫斯（Jonathan Toews）

运动中的冰球运动员

冰球比赛正在不断发展。最近在规则以及规则解释方面的变化使比赛变得更快、更开放。从最低级别一直到北美冰球联盟（National Hockey League，NHL）和国际比赛等各级别的冰球比赛中都可以看出这一点。现在速度、技能和耐力比以往任何时候都更能带来回报。

尽管发生了这种改变，但有些因素始终未变。在所有级别的比赛中，冰球赛季都是漫长而艰苦的。年轻冰球运动员经常要连续几天参加多场比赛。职业运动员的冰球赛季通常持续8到9个月，要参加多达100场比赛。将运动天赋、智力和耐力融为一体仍是对冰球运动员的一个要求，并且技能和比赛水平的提高始终与场内外的训练直接相关。

冰球运动员也在不断进步。冰球运动员比以往任何时候都能更好地适应当今的比赛。运动员的训练正变得越来越智能，并在其训练之中加入了健康的饮食和更多的资源。冰球运动员不再去训练营锻炼体形。优秀运动员在第一天就已经准备好参加比赛了，无论是在场内还是场外，他们都保持着出色的体能。

冰球动作

冰球运动员的动作是独一无二的。仅滑冰就是一项技术性很强的运动，除了需要大量的技能外，还需要协调性、速度、爆发力、敏捷性和适应能力；再加上冰球运动员在比赛中进行的其他活动，你就会明白为什么说冰球是一项具有挑战性的运动了。

回顾一个常见动作——在冰面上沿直线向前滑行。冰球运动员左腿蹬冰，开始向前滑行时，右侧髋关节和膝关节屈曲。冰球运动员用右下肢蹬冰时，利用腓肠肌和比目鱼肌伸直脚踝，利用腓骨肌稳定脚踝，利用股四头肌伸直膝关节，利用臀肌伸直和外展髋关节（图1.1）。同时，外核心肌群（图1.2）也必须充分参与，这样才能稳定上肢，当肱二头肌和胸肌（图1.3）参与并开始收缩时，右上肢向前摆动。

在此期间，左屈髋肌群使髋关节屈曲，腘绳肌实现屈膝，腹股沟中的内收肌将左下肢拉向身体的中心，上背部和三角肌后束负责伸展左肩部。左腿蹬冰滑行时，会使用对侧的肌肉重复执行上述过程。

这个例子展示了冰球运动员完成一个最简单的动作有多么复杂。滑行动作中每个部分所涉及肌肉的力量决定着滑冰者的滑冰速度和加速度。滑冰者的爆发力也影响其滑冰速度和加速度。敏捷性对于避免或创造身体接触机会、在冰上进行机动以及发挥必要的冰球技

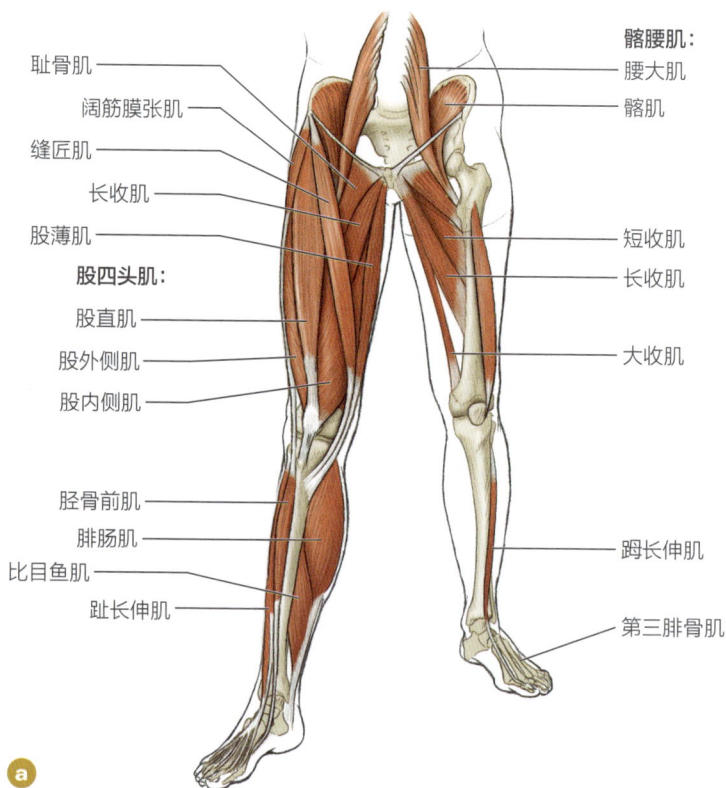

耻骨肌
阔筋膜张肌
缝匠肌
长收肌
股薄肌

股四头肌：
股直肌
股外侧肌
股内侧肌

胫骨前肌
腓肠肌
比目鱼肌
趾长伸肌

髂腰肌：
腰大肌
髂肌

短收肌
长收肌

大收肌

踇长伸肌

第三腓骨肌

ⓐ

图1.1 下肢肌群：a. 正面

注：股四头肌包括股直肌、股外侧肌、股内侧肌与股中肌，因解剖图限制，无法排到一起，本书下文同上。

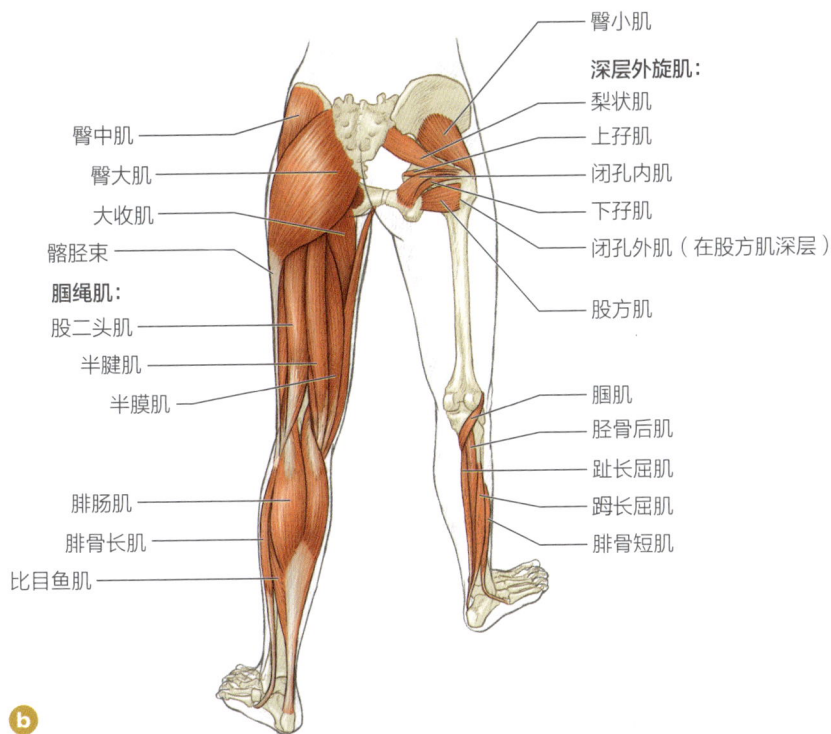

臀小肌

深层外旋肌：
梨状肌
上孖肌
闭孔内肌
下孖肌
闭孔外肌（在股方肌深层）
股方肌

臀中肌
臀大肌
大收肌
髂胫束

腘绳肌：
股二头肌
半腱肌
半膜肌

腘肌
胫骨后肌
趾长屈肌
踇长屈肌
腓骨短肌

腓肠肌
腓骨长肌
比目鱼肌

b

图1.1 下肢肌群：b. 背面

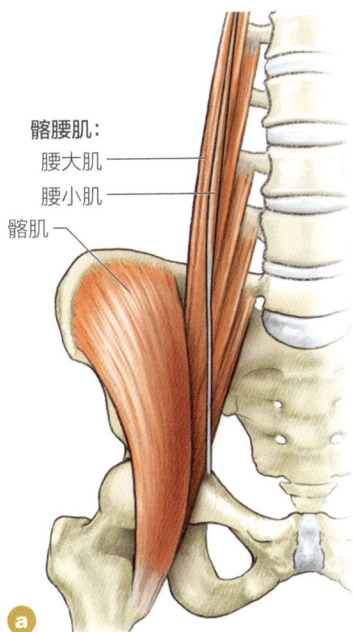

髂腰肌：
腰大肌
腰小肌
髂肌

竖脊肌：
胸棘肌
胸最长肌
腰髂肋肌

腰方肌

多裂肌

臀中肌

臀小肌

a

b

图1.2 外核心肌群：a. 正面；b. 背面

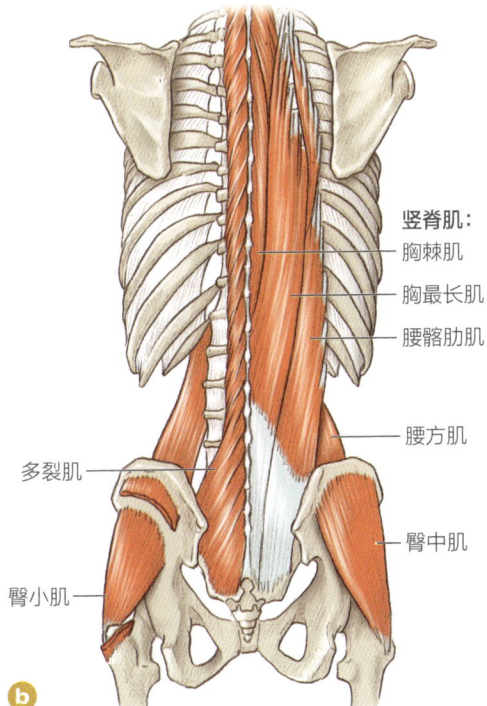

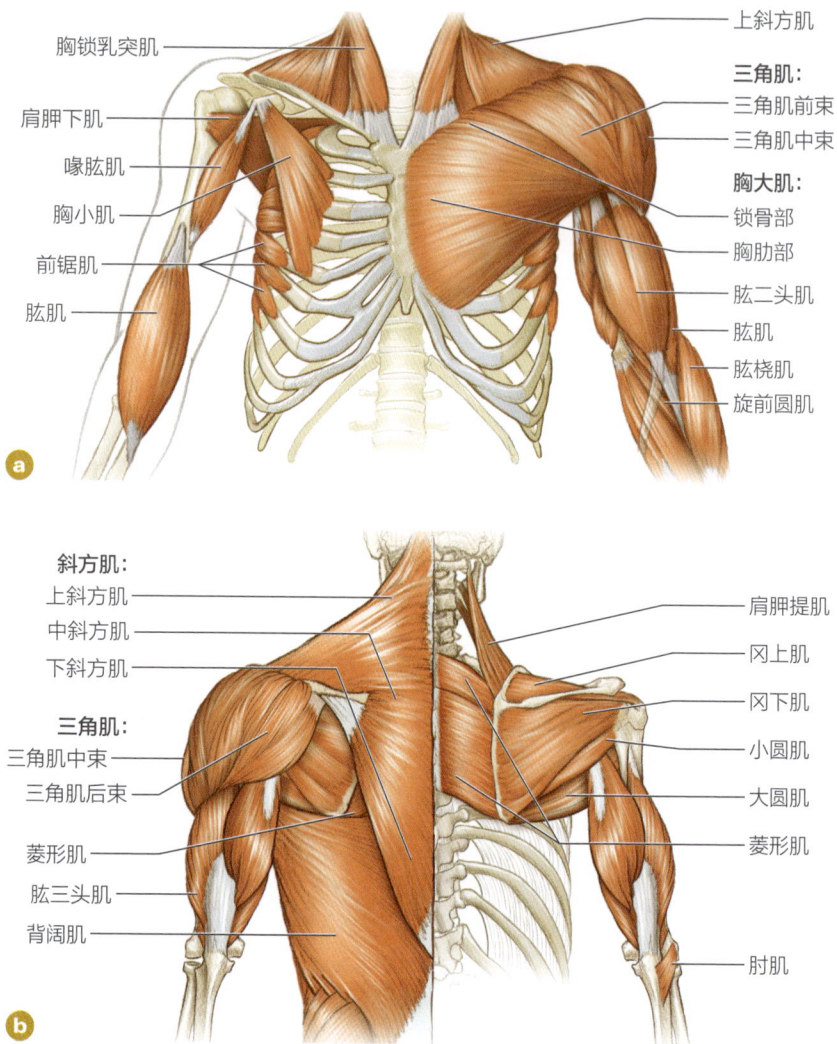

图中标注（正面 a）：

- 胸锁乳突肌
- 肩胛下肌
- 喙肱肌
- 胸小肌
- 前锯肌
- 肱肌
- 上斜方肌
- 三角肌：
  - 三角肌前束
  - 三角肌中束
- 胸大肌：
  - 锁骨部
  - 胸肋部
- 肱二头肌
- 肱肌
- 肱桡肌
- 旋前圆肌

图中标注（背面 b）：

- 斜方肌：
  - 上斜方肌
  - 中斜方肌
  - 下斜方肌
- 三角肌：
  - 三角肌中束
  - 三角肌后束
- 菱形肌
- 肱三头肌
- 背阔肌
- 肩胛提肌
- 冈上肌
- 冈下肌
- 小圆肌
- 大圆肌
- 菱形肌
- 肘肌

图1.3 上躯干肌群：a. 正面；b. 背面

能至关重要。柔韧性决定了滑冰者的屈髋和屈膝程度，使身体能处于一个较低的屈体位置，还决定了身体的伸展情况和滑行动作的完成情况。平衡性在冰球运动的各个方面都至关重要，即使在简单的滑行中也是如此，因为运动员用锋利的冰刀改变移动方向的同时，还要保持上身直立并在岩石般坚硬、光滑的冰面上移动。而有氧能力则影响滑冰者的滑行距离和滑行速度。

对冰球运动员动作的快速分解展示了冰球运动对人的身体和生理而言十分复杂。然而，将这些复杂的动作分解成多个更为简单的动作可以帮助我们专注于训练技巧，并让我们单独了解各个肌群及其功能，从而尽力提高各个肌群的水平。最后，冰球运动员整个身体机能的提升转化为其冰上技能的提高。

力量、爆发力、速度和敏捷性

从各种原因来说，力量（无论是对抗外力还是施加力量）对于冰球运动员至关重要。在沿着挡板拼抢时，在每一步滑行中，在冰上每次改变方向时，在每次射门时，力量都是必不可少的。强壮的冰球运动员不一定会赢得每次拼抢，但力量让他们在每次拼抢中都能处于更有利的位置。

因为力量是一个人对一个物体所能施加的力，所以很明显，较强壮的冰球运动员在拼抢中具有一定的优势。当两名冰球运动员在冰上互相推搡以赢得控球权时，如果其他条件相同，较强壮的冰球运动员能按自己的意愿挤开较弱的冰球运动员，从而赢得控球权。对于冰球运动员而言，力量在比赛的其他方面的好处可能不是太明显，但如果将冰球运动分解为执行这些活动所需的各种动作，力量的作用就会变得更清楚。

滑冰是一项复杂的活动，但从最基本的方面来看，它就是利用一系列的肌肉收缩所产生的力推动滑冰者在冰上移动。肌肉的收缩力越强，产生的力就越大，滑冰者的加速度也就越大。同样，较强壮的冰球运动员比较弱的冰球运动员有优势。

力量、爆发力和速度是相互关联的，要格外注意理解它们之间的区别。爆发力是力量在一段时间内的输出。能在最短时间产生最大力量的运动员是最强壮的运动员。这种力量就转化为冰上的爆发力。强壮的运动员爆发力更强。

爆发力在冰球运动的各个方面都会使运动员受益匪浅。改变方向或追逐冰球时，强壮的运动员能够更快地产生最大的力量，这就意味着其在前几步滑行中具有更强的爆发力，因此比较弱的运动员具有更大优势。与较弱的守门员相比，强壮的守门员能更快地在两个门柱间移动，因此有可能拦住更多的射门并随时准备好更快地移动，这也让他获得了一定的优势。

体现爆发力好处的最后一个例子是射门。与较弱的运动员相比，强壮的运动员能在球杆上施加更大的力，从而让冰球更快地移动。这就让强壮的运动员可在更短的时间内完成更困难的射门。

获得高速度需要爆发力和力量。在冰球运动中，滑冰时速度的重要性显而易见。滑得快的运动员更能获得优势。然而，速度在比赛的其他方面的重要性也很明显。挥杆速度对防守队员、前锋和守门员同样重要。也许最能看出这一点的就是开球了。挥杆速度最快的运动员会比较慢的对手更能在开球时获胜。

敏捷性是指在协调一致的情况下快速、轻松地执行任务的能力。优秀的冰球运动员和普通的运动员敏捷性有所不同。在冰球运动中，时刻需要各种形式的敏捷性。运动员在冰面上移动时必须进行无数次的协调与调整。如果滑冰时与对手接触或争抢控球权，那么对运动员敏捷性的要求会成倍增加。守门员在冰球进入其防区时要多次调整自己的位置，而每次射门时冰球可能多次进入其防区。更敏捷的运动员在比赛各个方面都具有优势。

小　结

在本书中，力量、爆发力、速度、敏捷性、灵活性、平衡性和核心稳定性都是重点。在任何级别的冰球比赛中，上述所有能力都是运动员必备的，并且改进每项能力都能提高运动员的比赛水平。我们提供了诸多练习及其变式，并且解释了这些练习所针对的肌肉和技能，目的就是提高运动员的整体水平，为冰球比赛做好准备。这些练习训练的肌肉分为主要肌肉和辅助肌肉。有些练习侧重特定的肌群，有些则涉及多个肌群。我们还强调了每项练习最可能影响哪些技能或冰球活动。

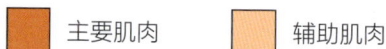

■ 主要肌肉　　■ 辅助肌肉

虽然我们将练习分为特定的多个类别，但各个类别之间有很多交叉内容。力量、爆发力和速度是密切相关的。速度、平衡性和敏捷性也是相互交织的。有氧能力使运动员能够在较长时间内以较高的水平熟练地进行各种运动。

本书为冰球运动员提供安全有效地发展所有这些运动能力的工具。我们希望这些练习能为你提供一个框架，让你成为更好的冰球运动员。

第**2**章

力量

在冰球运动中，力量是至关重要的，从射门和滑行到停球以及在角落中争球无不如此。虽然所有冰球运动员都需要用强壮的身体与其他运动员拼抢，并在与其他运动员比赛时展现自己的意志力，但在非接触性活动（如滑行和射门）中也需要力量。

本章中的练习可以增强肌肉力量。你需要在一段恢复期后才能再次锻炼同一组肌肉。为了让肌肉有时间恢复和增强，不要在滑冰前进行力量练习（在某些情况下，也不要在滑冰前一天进行这种练习）。最后，在最初的训练过程中，考虑针对每个肌群进行一项练习，明确身体对练习有何反应以及如何恢复后，再针对每个肌群进行多项练习。记住，练习形式至关重要，如果练习形式有误，就无法从练习中获得最大益处，并且在某些情况下可能会导致身体受伤。

单腿靠墙深蹲

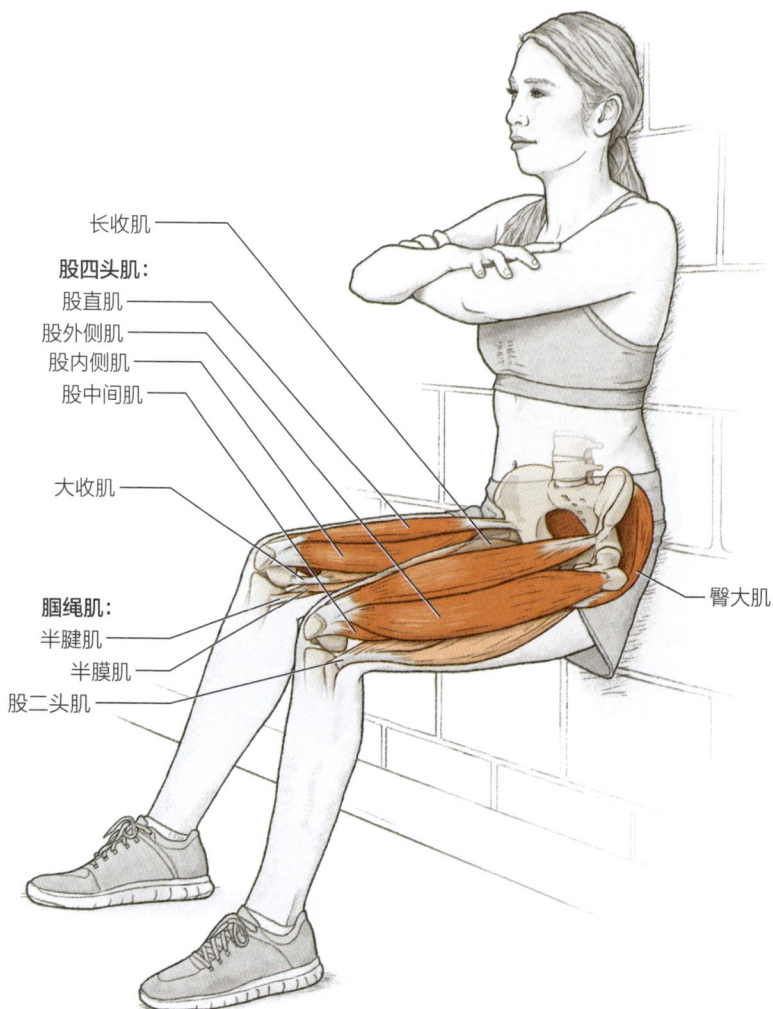

长收肌

股四头肌：
股直肌
股外侧肌
股内侧肌
股中间肌

大收肌

腘绳肌：
半腱肌
半膜肌
股二头肌

臀大肌

执行过程

1. 背部和肩部靠墙站立，胸部挺直。站立时双脚分开8~10英寸（20~25厘米），脚尖指向前方。
2. 下蹲，保持整个背部和肩部与墙壁接触。
3. 下蹲到大腿为水平或接近水平的程度。不要把手放在大腿上。手臂可以前伸，与地板平行，或者保持在身体两侧，或如图所示的在胸前交叉双臂。
4. 以一只脚为重心，另一只脚抬离地面。
5. 保持这种姿势一定的时间，重点是要呈下蹲姿势，然后换腿。
6. 单脚触地时，不要让臀部或肩部移动或升高。

涉及的肌肉

主要：股四头肌（股直肌、股外侧肌、股内侧肌、股中间肌）、臀大肌。

辅助：腘绳肌（半腱肌、半膜肌、股二头肌）、长收肌、大收肌。

冰球关注点

该练习对股四头肌的要求很高。股四头肌和臀大肌是滑冰时使用的主要肌肉。该练习加强了上述肌肉，并且没有复杂的动作。该练习开始时是有氧运动，但很快就会变成无氧运动，所以预计会导致乳酸堆积，肌肉有灼疼感。除了加强关键肌肉，你还将学习如何处理冰上训练后出现的酸痛感，并在一定程度上加以控制。这可以帮助你在运动中保持较低的重心并提高乳酸堆积承受水平。保持该姿势的时间越长，能够应对的乳酸堆积门槛就越高。这种能力会转化为能够以低重心的姿势滑行更长的时间。

变式

稳定性单腿靠墙深蹲

执行单腿靠墙深蹲，但在固定脚的下面放一个稳定盘来挑战你的稳定性。

负重深蹲

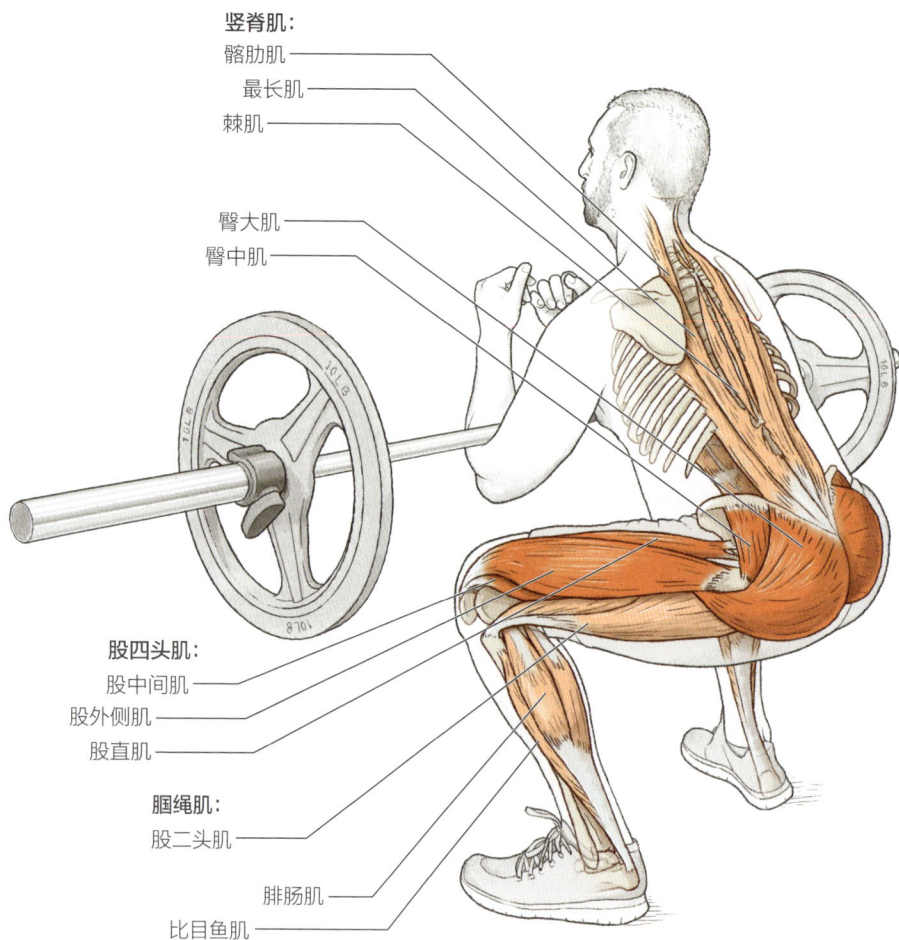

竖脊肌：
髂肋肌
最长肌
棘肌

臀大肌
臀中肌

股四头肌：
股中间肌
股外侧肌
股直肌

腘绳肌：
股二头肌

腓肠肌
比目鱼肌

执行过程

1. 走入深蹲架，将杠铃放在肘关节弯曲处，双手紧握或松开。站起，将杠铃抬离深蹲架并向后走两小步。要求运动员在这个位置进行深蹲时能将杠铃下降至合适的高度，在本练习中是指能够深蹲至腘绳肌与地面平行的高度。双脚分开，略宽于肩，并保持轻微的外旋。

2. 将臀部向后推，开始下蹲。保持脊柱笔直（既不过度伸展，也不弯曲），同时降低杠铃和身体，直到腘绳肌与地面平行。保持肘关节靠近身体，在身体下降时吸气。

3. 一旦到达底部位置，屏住呼吸，然后伸直膝关节和臀部，用力抬起杠铃。

4. 到达最高点时呼气并站直。

涉及的肌肉

主要：股四头肌（股直肌、股外侧肌、股内侧肌、股中间肌）、臀大肌、臀中肌。

辅助：腘绳肌（半腱肌、半膜肌、股二头肌）、大收肌、长收肌、短收肌、腹直肌、竖脊肌（髂肋肌、最长肌、棘肌）、腓肠肌、比目鱼肌、股薄肌。

冰球关注点

深蹲是通过动态的运动建立腿部、核心和臀部力量的基础。通过深蹲进行全方位的运动，可以加强不同区域的主要肌群并更为彻底地激活辅助肌群。这可以扩大你的活动范围和提高力量，同时让身体处于不同的位置（与靠墙深蹲不同）。该练习可以提高你在整个滑冰过程中的蹬冰能力，并可帮助你在滑冰时保持低重心，以提高平衡能力、速度以及快速改变方向的能力。此外，良好的下身力量能更好地支持你参与拼抢，因为滑行中你需要用强壮的身体抵抗外部的力量。

变式

相扑下蹲

将杠铃放在肩膀的前面或后面或肘关节弯曲处，或在身前拿起一个哑铃。采取深蹲姿势，但双脚分得更开。从双脚与肩同宽开始，将双脚各向两侧移动2~3只脚的宽度。将脚尖指向两侧。逐渐将双脚分得更开，执行与深蹲相同的步骤。这种基础练习会增加髋关节内收肌和腹股沟的压力。

横向深蹲

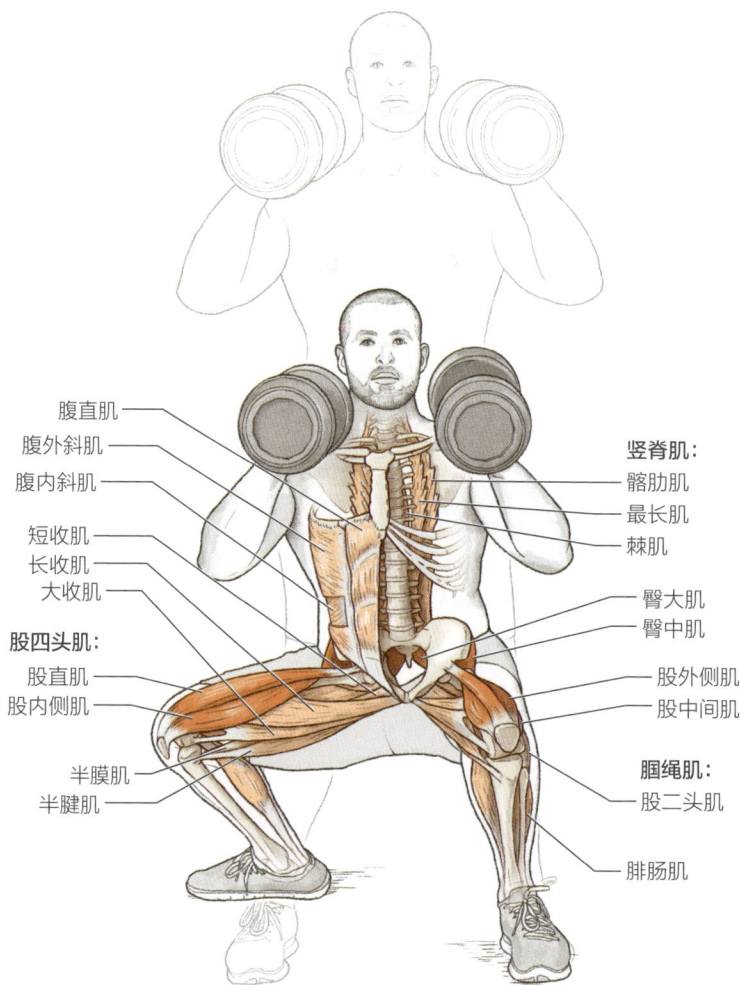

腹直肌
腹外斜肌
腹内斜肌
短收肌
长收肌
大收肌
股四头肌:
股直肌
股内侧肌
半膜肌
半腱肌

竖脊肌:
髂肋肌
最长肌
棘肌
臀大肌
臀中肌
股外侧肌
股中间肌
腘绳肌:
股二头肌
腓肠肌

注:腘绳肌包括:股二头肌、半腱肌、半膜肌,因解剖图限制,无法排到一起,本书下文同上。

执行过程

1. 用平行握法握住一对哑铃放于肩上。站直，双脚分开，与髋同宽，同时脚外旋，右脚沿45度角向外跨出一步。

2. 脚与地面接触后立即蹲下。将重量均匀分布在双腿上，并以相同的速度屈曲膝关节。

3. 使腿以一定的角度移动并迈出一步，肩部也应在起始位置保持不动，这样才能实现臀部转动。

4. 用力上推哑铃，然后回到起始位置。另一条腿向另一边迈出一步，并重复该动作一定的次数。

涉及的肌肉

主要：股四头肌（股直肌、股外侧肌、股内侧肌、股中间肌）、臀大肌、臀中肌。

辅助：腘绳肌（半腱肌、半膜肌、股二头肌）、大收肌、长收肌、短收肌、腹直肌、腹外斜肌、腹内斜肌、竖脊肌（髂肋肌、最长肌、棘肌）、腓肠肌。

冰球关注点

横向深蹲能培养运动员在开球或在冰上旋转时处于低位并保持在低位的能力。改变方向或向后滑或从向后滑状态改为向前滑时，这些练习动作至关重要。这些过渡动作对大部分守门员移动动作也很关键——尤其是守门员从一个门柱移到另一个门柱时。

变式

杠铃横向深蹲

执行同样的动作，但在上背部和肩部放一个杠铃。旋转模式中使用的杠铃长度将增加脊柱处的扭矩。

低位横向深蹲

执行与哑铃横向深蹲或杠铃横向深蹲相同的动作，但在练习过程中保持深蹲。从深蹲的底部位置开始，将重心放在合适的位置，外旋髋部并沿45度角向外跨出一步，但不要让身体上升或下降。深蹲时始终保持肌肉张力。

横向蹲压和下压

执行横向深蹲动作，回到中间起始姿势时，将一对哑铃举过头顶。

单腿深蹲

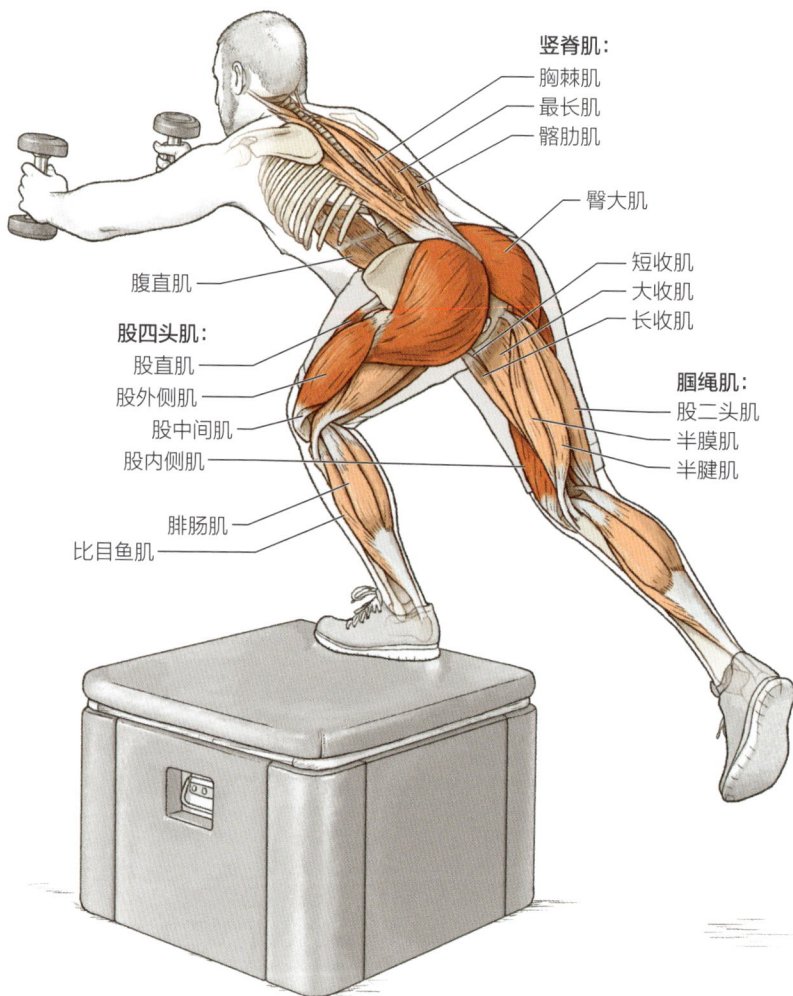

竖脊肌：
胸棘肌
最长肌
髂肋肌

臀大肌

短收肌
大收肌
长收肌

腘绳肌：
股二头肌
半膜肌
半腱肌

腹直肌

股四头肌：
股直肌
股外侧肌
股中间肌
股内侧肌
腓肠肌
比目鱼肌

执行过程

1. 一只脚站在箱子上。箱子的高度至少与大腿的长度一样高。另一条腿悬在箱子的外侧。两只手各拿一个哑铃。
2. 举起哑铃，并与肘部垂直成90度角。
3. 保持脊柱挺直，头部保持中立位，将臀部向后移动开始下蹲。以可控的方式下蹲，直到深蹲腿的腘绳肌低于膝关节。
4. 伸直深蹲腿的膝关节和臀部，回到起始位置。
5. 用一条腿重复所有动作，然后换另一条腿。

涉及的肌肉

主要：股四头肌（股直肌、股外侧肌、股内侧肌、股中间肌）、臀大肌。

辅助：腘绳肌（半腱肌、半膜肌、股二头肌）、大收肌、长收肌、短收肌、腹直肌、竖脊肌（髂肋肌、最长肌、棘肌）、腓肠肌、比目鱼肌。

冰球关注点

这项练习可在单腿保持平衡的同时提高力量。在进行身体接触、快速改变方向或射门时，单腿负荷能力至关重要。次级稳定肌肉和核心肌肉的力量也可以得到加强，这将有助于交叉滑行和改变方向，还能在身体接触时提高力量。

变式

高脚杯单腿深蹲

将一个壶铃或哑铃放在高脚杯位置（在胸前下巴的下方）。保持脊柱挺直，头部保持中立位，将臀部向后移动开始下蹲。控制下降过程，直到深蹲腿的腘绳肌低于膝关节。伸直深蹲腿的膝关节和臀部，回到起始位置。用一条腿重复所有动作，然后换另一条腿完成练习。

15

前后弓步

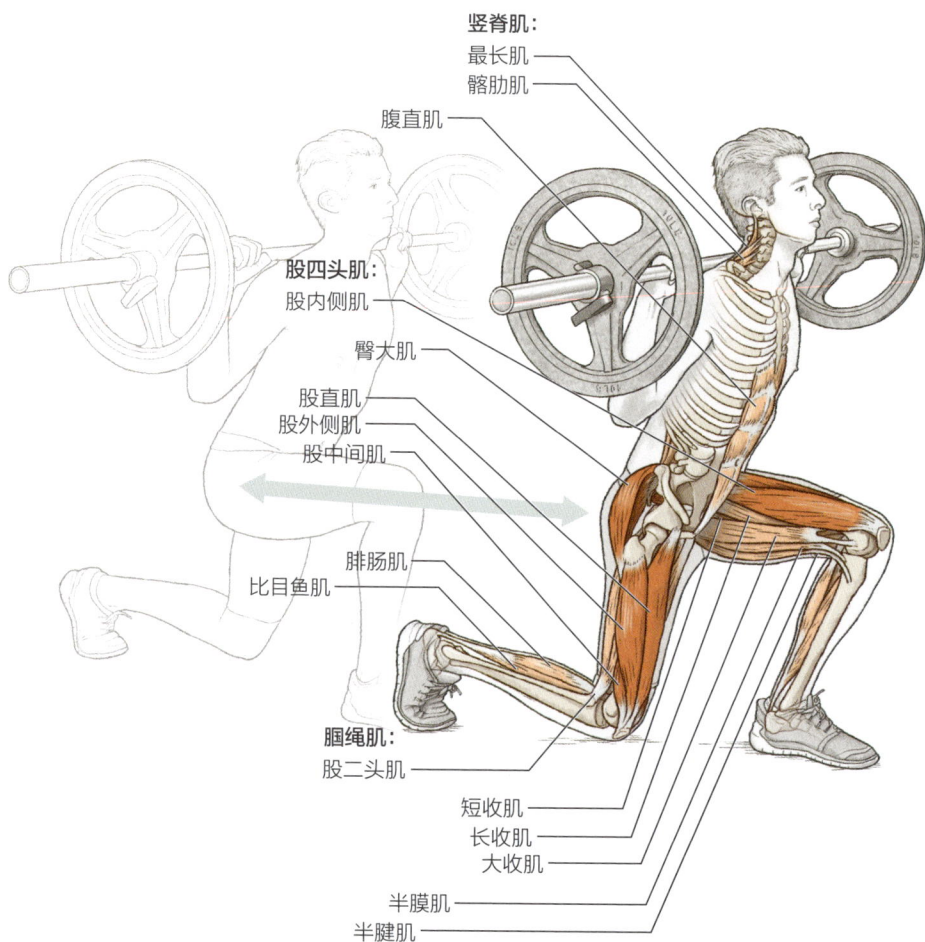

竖脊肌：
最长肌
髂肋肌

腹直肌

股四头肌：
股内侧肌

臀大肌

股直肌
股外侧肌
股中间肌

腓肠肌

比目鱼肌

腘绳肌：
股二头肌

短收肌
长收肌
大收肌

半膜肌
半腱肌

执行过程

1. 在后背和斜方肌的上部放一个杠铃，或者双手各拿一个哑铃，举在肩膀上方或垂在肩膀下方。

2. 保持胸部和背部挺直，向前迈一步并弯曲该腿，使踝关节和膝关节均成90度角，后膝稍微触地。

3. 一旦到达底部位置，前脚蹬地，重心向后移并回到起始位置，然后继续向后弓步，让原先前移的腿变成向后伸的腿。向后弓步时，前腿的膝关节成90度角，后腿的膝关节着地。向后弓步时不要站起来。

4. 在前腿从前向后的移动过程中身体保持低位，反之亦然。

5. 继续进行向前和向后弓步，将同一条腿前后移动一定的次数后换另一条腿。

涉及的肌肉

主要：股四头肌（股直肌、股外侧肌、股内侧肌、股中间肌）、臀大肌。

辅助：腘绳肌（半腱肌、半膜肌、股二头肌）、大收肌、长收肌、短收肌、腓肠肌、比目鱼肌、竖脊肌（髂肋肌、最长肌、棘肌）。

冰球关注点

滑冰时保持低重心对任何位置的运动员来说都是一个主要技巧。一旦运动员开始提高重心，其加速、改变方向和减速的能力就会下降。该弓步练习让运动员用单腿保持低位，同时完成滑行时使用的所有范围的动作。乳酸会在静止的腿上堆积，产生的酸痛感与冰上单腿运动中腿部产生的酸痛感相似。该练习可以让冰球运动员在滑行时始终处于准备就绪状态，可随时改变方向或立即停止，而不用浪费时间从较高的姿势回到准备就绪状态。

变式

波速球前后弓步

保持固定腿（不移动的腿）处于平衡训练器上，如波速球。不稳定的表面和不固定的高度增加了练习难度。与固定腿在地板上练习时的方式相同。

45度斜上弓步走

力量

股四头肌：
股中间肌
股内侧肌
股直肌
股外侧肌

腘绳肌：
股二头肌
半腱肌
半膜肌

腓肠肌
比目鱼肌

执行过程

1. 在背部和斜方肌的上部放一个杠铃，或者双手各拿一个哑铃，举在肩膀上方或垂在肩膀下方。
2. 单腿向前方外侧45度角方向迈出一步，向前弓步。
3. 后腿向前方外侧45度角方向迈出一步，然后继续这样走。保持肩部平直，不要以腿移动的角度旋转身体。

涉及的肌肉

主要：股四头肌（股直肌、股外侧肌、股内侧肌、股中间肌）、臀大肌。

辅助：腘绳肌（半腱肌、半膜肌、股二头肌）、大收肌、长收肌、短收肌、腓肠肌、比目鱼肌、竖脊肌（髂肋肌、最长肌、棘肌）。

冰球关注点

该练习在运动员下蹲、伸展和模拟滑冰过程中可以强化单腿的力量。该练习获得的力量可让冰球运动员在蹬冰和交叉滑行时直接受益。执行该练习期间，向前运动中的减速能力有助于运动员承受滑冰过程中的偏心力，并迅速增强力量。

变式

侧弓步

使用与上面45度斜上弓步走相同的方式练习动作，但这次直接向侧面迈步。弯曲迈出的腿，使膝关节成90度角。静止腿在运动时应保持笔直。回到起始位置，然后向另一侧迈腿。

滑冰者登箱

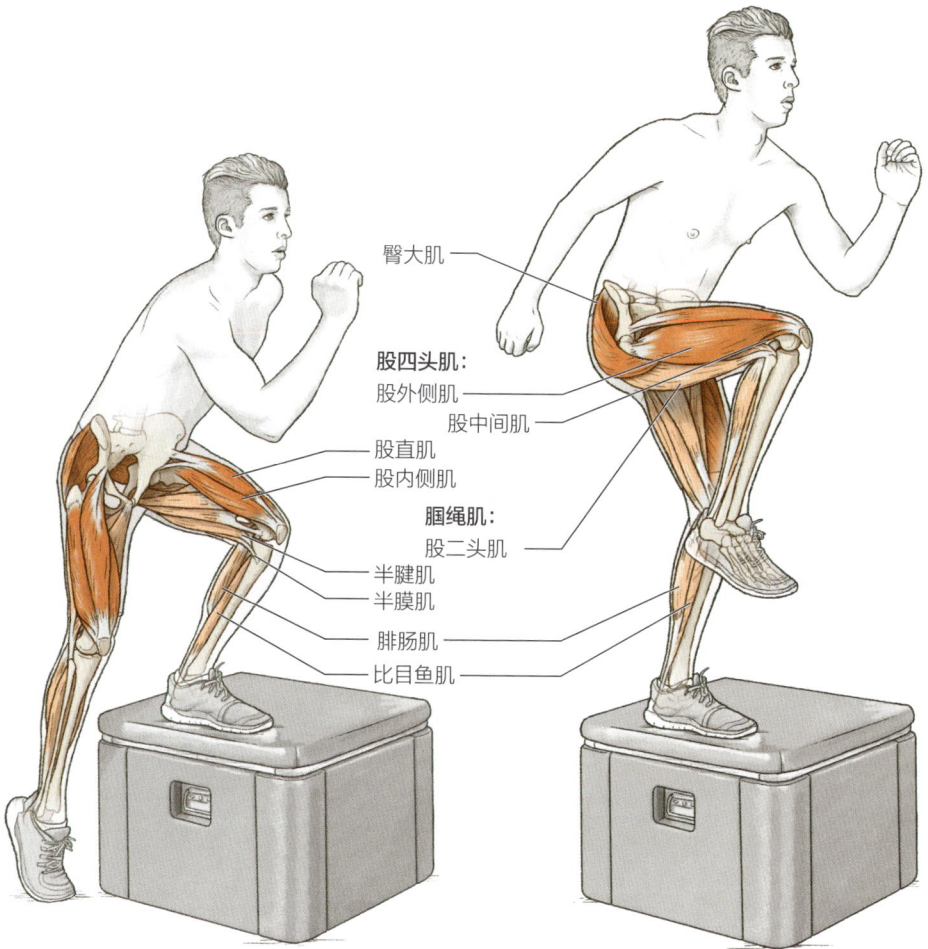

臀大肌

股四头肌:
股外侧肌
股中间肌
股直肌
股内侧肌
腘绳肌:
股二头肌
半腱肌
半膜肌
腓肠肌
比目鱼肌

执行过程

1. 站在一个18~24英寸（46~61厘米）高的箱子上，一条腿从箱子一边垂下来。手上不拿任何器械，或者拿一对轻哑铃。

2. 将站立腿一侧的臀部后移，然后下蹲四分之一深度。下蹲到移动腿的脚尖轻轻触地的位置。移动腿的脚尖指向地面，膝关节屈曲成45度角。

3. 一旦移动腿脚尖触地，立即改变移动方向，将该腿的膝关节抬高，高过臀部并向胸部方向移动，然后回到起始位置。手臂像跑步时那样摆动，腿则上下移动。

4. 移动腿的膝关节高于另一条腿的膝关节后，立即再次下降该腿并下蹲，让脚尖接触地面。继续以这种方式在该运动的最低点和最高点快速改变方向。

5. 一条腿完成所有重复动作，然后换另一条腿。

涉及的肌肉

主要：股四头肌（股直肌、股外侧肌、股内侧肌、股中间肌）、臀大肌。

辅助：腘绳肌（半腱肌、半膜肌、股二头肌）、大收肌、长收肌、短收肌、腓肠肌、比目鱼肌。

冰球关注点

该练习能提高蹬冰能力，使运动员迅速加减速。该练习还可以改善并管理站立腿的无氧耐力，因为此处要实现持续的肌肉收缩。可从运动员的敏捷性以及在冰上快速改变方向的能力中看出该练习的好处。

早安式

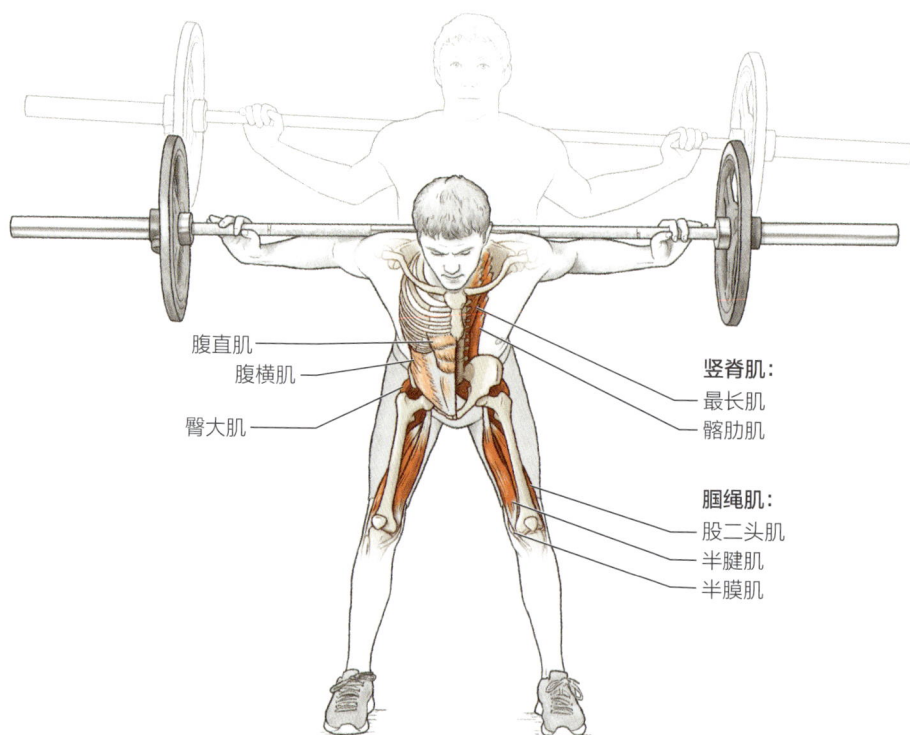

腹直肌

腹横肌

臀大肌

竖脊肌:

最长肌

髂肋肌

腘绳肌:

股二头肌

半腱肌

半膜肌

执行过程

1. 在斜方肌的上部放一个杠铃。双手握紧杠铃，肘部向下指向肋骨。

2. 保持背部挺直，肩膀向后，以臀部为轴向前俯身。在通过脚掌保持重心时将臀部后移。

3. 胸部放低，直到与地面平行，或者在灵活性允许的情况下，确保下背部和中背部挺直。

4. 使用臀部与下背部的力量来抬起胸部，保持站立姿势，不要向后仰。

涉及的肌肉

主要：腘绳肌（半腱肌、半膜肌、股二头肌）、臀大肌、竖脊肌（髂肋肌、最长肌、棘肌）。

辅助：腹直肌、腹横肌。

冰球关注点

在滑冰时，下背部的力量对于保持正确的姿势和延缓疲劳至关重要。该练习可加强背部肌肉链（身体背部的肌肉），使运动员能够长时间保持姿势，同时平衡腿前侧肌群的发展。

变式

单腿早安式

用同样的方法完成该练习，但要用一条腿保持平衡。

单腿罗马尼亚硬拉

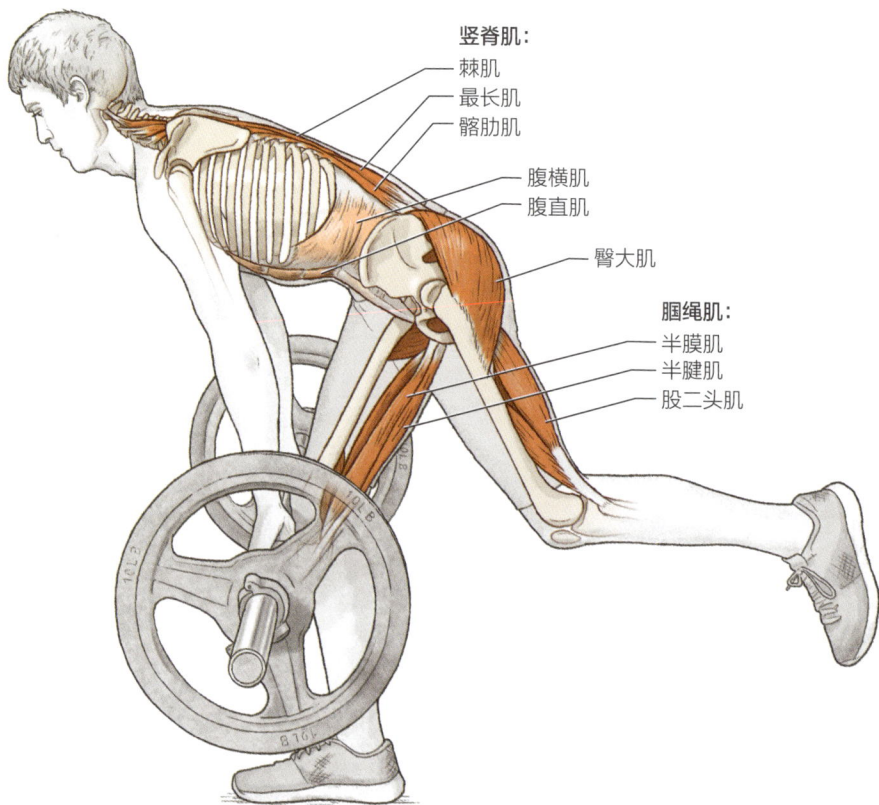

竖脊肌:
棘肌
最长肌
髂肋肌

腹横肌
腹直肌

臀大肌

腘绳肌:
半膜肌
半腱肌
股二头肌

执行过程

1. 用正握（掌心向下）方式抓住杠铃，把它放在大腿前面。双脚分开与臀同宽，脚尖指向前方。保持胸部挺直，后背绷紧，双肩向后拉。

2. 在腿前向下移动杠铃时，用一条腿保持平衡。当杠铃下降到膝关节或小腿中部以下时，根据自己的柔韧性情况将抬起的腿向上和向后移动。

3. 向下移动杠铃时，躯干和抬起的腿与地面平行。杠铃下落时不要弓背，身体不要接触杠铃。

4. 回到站立状态，伸展臀部，推动臀部前移。避免弓起下背部。放下抬起的腿，然后抬起另一条腿重复该练习。

涉及的肌肉

主要：腘绳肌（半腱肌、半膜肌、股二头肌）、臀大肌、竖脊肌（髂肋肌、最长肌、棘肌）。

辅助：腹直肌、腹横肌。

冰球关注点

该练习可强化背部肌肉链并提高滑行时姿势的保持能力。你会发现自己在滑冰时能够前伸得更远，同时能保持对姿势的控制。该练习所锻炼的目标肌肉有助于防止运动员在滑行、争抢和身体前伸时受伤。它还可以帮助运动员更有力、更有效地完成这些运动。此外，身体重心上下移动时能够保持平衡可以保证臀部保持稳定。这种能力增强了本体感觉功能，而这将直接体现在冰上的滑行过程中。

北欧屈腿

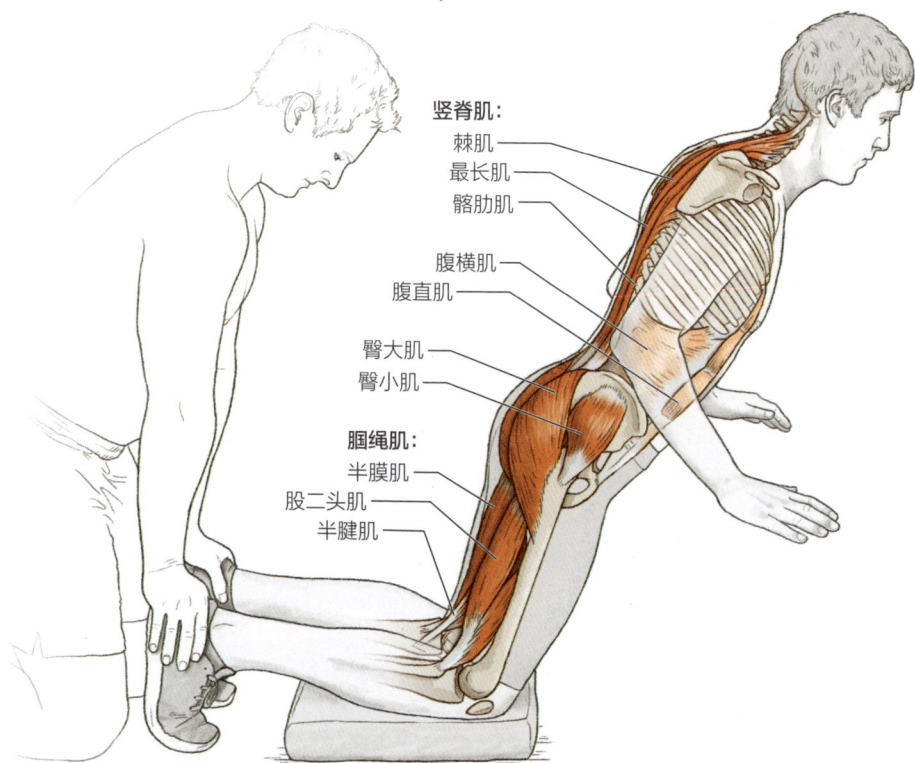

竖脊肌：
棘肌
最长肌
髂肋肌

腹横肌
腹直肌

臀大肌
臀小肌

腘绳肌：
半膜肌
股二头肌
半腱肌

执行过程

1. 跪在柔软的垫子或平衡垫上，膝关节位于臀部正下方。保持胸部挺直，背部紧绷，肩膀向后，臀部完全伸展。同伴按住你的脚后跟或脚踝，从而固定你的脚。
2. 以膝关节为轴慢慢地前倾身体，臀部与躯干保持在一条直线上。
3. 在不摔倒的情况下尽量向前放低身体，然后将身体拉回起始位置。

涉及的肌肉

主要：腘绳肌（半腱肌、半膜肌、股二头肌）、臀大肌、臀小肌、竖脊肌（髂肋肌、最长肌、棘肌）。

辅助：腹直肌、腹横肌。

冰球关注点

为了保持腿部肌肉均衡发展，重要的是关注背部肌肉的发展，以代偿股四头肌的力量，而股四头肌正是该练习的重点。该练习帮助运动员在保持平衡的同时稳定核心。无论运动员在比赛中的位置如何，该练习都能将重要的肌肉激活，让运动员在冰上实现完美的交叉动作。该练习姿势有助于保持运动员胸部挺直，并保持其处于正确的运动位置。要想成为高效的滑冰者，运动员完成该动作时身体要尽可能成一条直线且上半身直立，这样才能正确地将能量从下半身传递到上半身。

变式

俯卧撑北欧屈腿

执行北欧屈腿动作，但要让身体一直下降到地板高度，然后用手臂推地板回到起始姿势。

箱臀桥

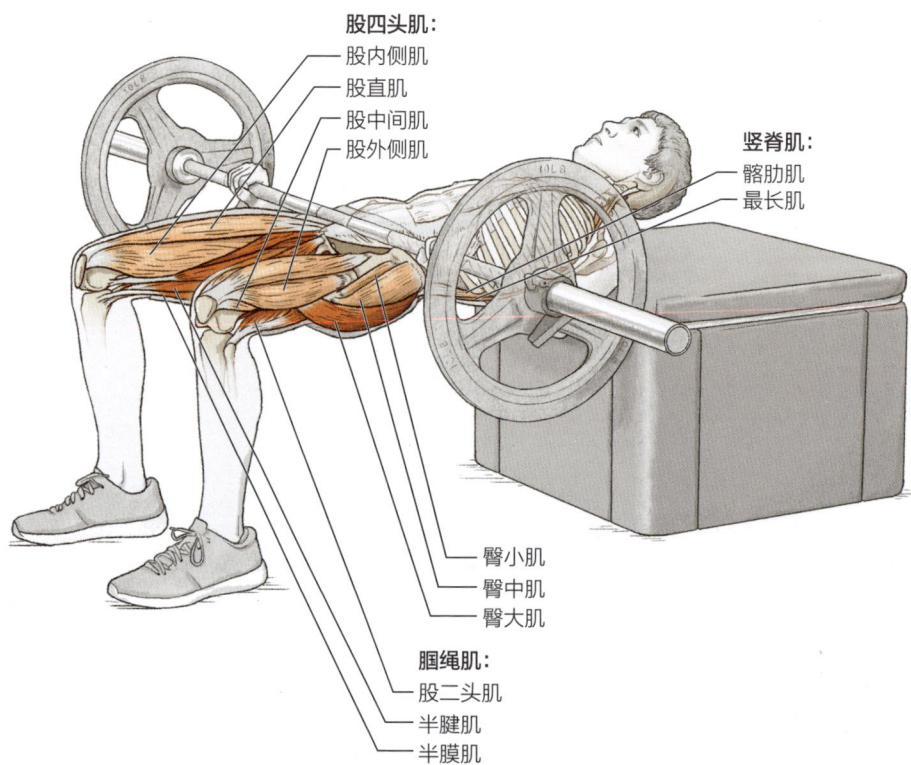

股四头肌：
- 股内侧肌
- 股直肌
- 股中间肌
- 股外侧肌

竖脊肌：
- 髂肋肌
- 最长肌

- 臀小肌
- 臀中肌
- 臀大肌

腘绳肌：
- 股二头肌
- 半腱肌
- 半膜肌

执行过程

1. 将上背部和肩膀置于箱子上，箱子高度介于小腿高度（地面和膝关节之间的距离）和12英寸（30厘米）之间。双脚分开与臀同宽，平放在地板上。臀部置于地板上。抓住杠铃并将其放在大腿根部。
2. 通过伸展臀部上抬杠铃，并让杠铃始终紧贴臀部附近的身体部位。
3. 臀部抬升到最高点时，膝关节应成90度角，大腿与躯干保持平直。
4. 臀部回落到地板并与地板轻触，然后再次上抬杠铃。

涉及的肌肉

主要：腘绳肌（半腱肌、半膜肌、股二头肌）、臀大肌、大收肌、长收肌、短收肌。

辅助：竖脊肌（髂肋肌、最长肌、棘肌）、股四头肌（股直肌、股外侧肌、股内侧肌、股中间肌）、臀中肌、臀小肌。

冰球关注点

要想实现出色地加速、交叉步滑行以及沿着挡板争抢，你需要保持重心较低的运动姿势，而该练习所锻炼的肌肉可提供有力的支持。保持低重心并具有较强的力量让你可以迅速完成任何动作。

变式

单腿箱臀桥

采用与箱臀桥相同的方法，但只能用一只脚支撑并保持平衡。

交错俯卧撑

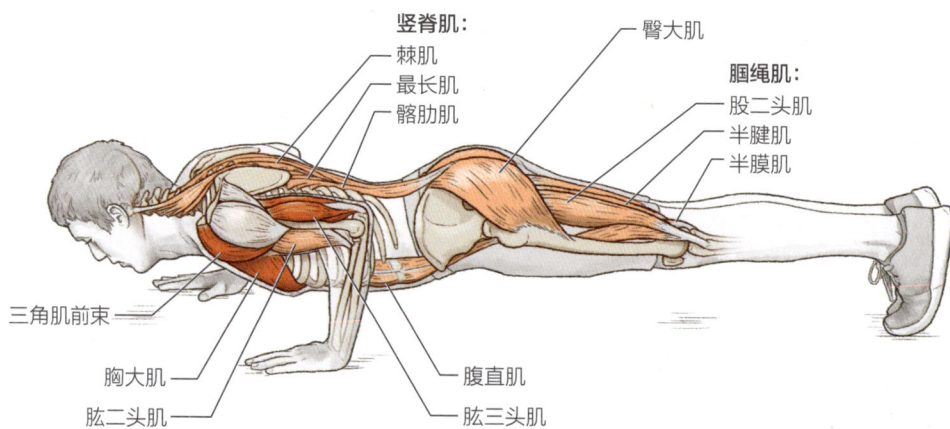

竖脊肌：
棘肌
最长肌
髂肋肌

臀大肌

腘绳肌：
股二头肌
半腱肌
半膜肌

三角肌前束

胸大肌

肱二头肌

腹直肌

肱三头肌

执行过程

1. 采用俯卧撑姿势，双腿伸直，脚尖着地。双手分开，与肩同宽。一只手放在肩膀下方，另一只手放在肩膀前面几厘米处。

2. 保持身体从头到脚成一条直线，然后放低身体，让胸部轻触地面。

3. 双臂用力将身体向上推，逐渐伸直肘部。

4. 上推至手臂伸直。重复上述动作。完成指定的重复次数后，换手重复练习。

涉及的肌肉

主要：胸大肌、肱三头肌、三角肌前束。

辅助：腹直肌、竖脊肌（髂肋肌、最长肌、棘肌）、臀大肌、腘绳肌（半腱肌、半膜肌、股二头肌）、肱二头肌。

冰球关注点

俯卧撑是加强上半身肌肉力量的必备练习。以正确的姿势正确完成这个动作后才能进行更复杂和强度更高的练习。该练习可让你知道如何控制肘部并让核心肌肉参与其中，头部与身体保持一条直线。上半身具有出色的控制力可帮助你更有效地完成射门、滑行和争抢动作。利用该练习实现对核心肌肉的控制也有助于你在比赛的各个方面出色发挥。

臀桥交替壶铃推举

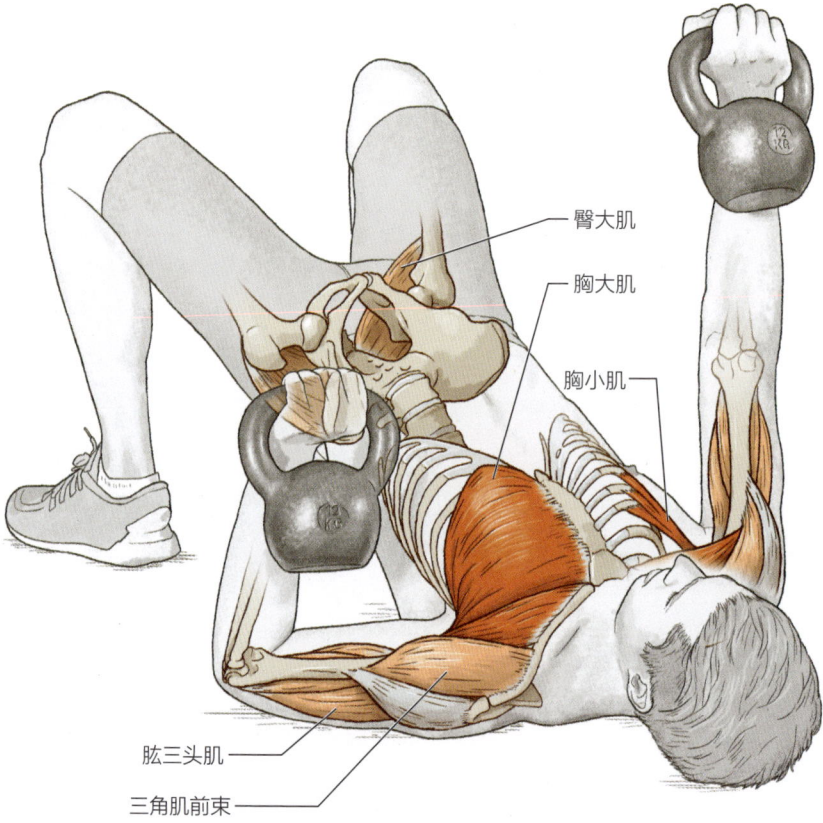

臀大肌

胸大肌

胸小肌

肱三头肌

三角肌前束

执行过程

1. 手拿壶铃，平躺在地上，双脚平放在膝关节正下方。
2. 将臀部尽量抬高，并在整个抬升过程中保持该姿势。
3. 将两个壶铃上举，保持上背部和肩部触地，肘关节伸展。
4. 以一种可控的方式将一个壶铃下降到胸口高度，然后上举。将另一只壶铃降低，然后再上举。

涉及的肌肉

主要：胸大肌、胸小肌。

辅助：肱三头肌、三角肌前束、臀大肌。

冰球关注点

推搡和挡开另一名运动员需要运动员上半身保持稳定并且非常强壮，还需要单独使用上肢动作。这就导致两只手臂的神经肌肉控制情况出现差异。为了有效地完成该练习，单只手臂必须能平衡壶铃的重量并能在壶铃下降时保持控制。保持手臂靠近身体，举起和放下壶铃时，不应让手臂向两侧摇摆。这样才能形成正确的模式，最有效地举起壶铃，并可防止肩膀处于易受伤的位置。此外，同时使用臀桥和壶铃需要臀部肌群发力才能稳定下半身。

提膝引体向上

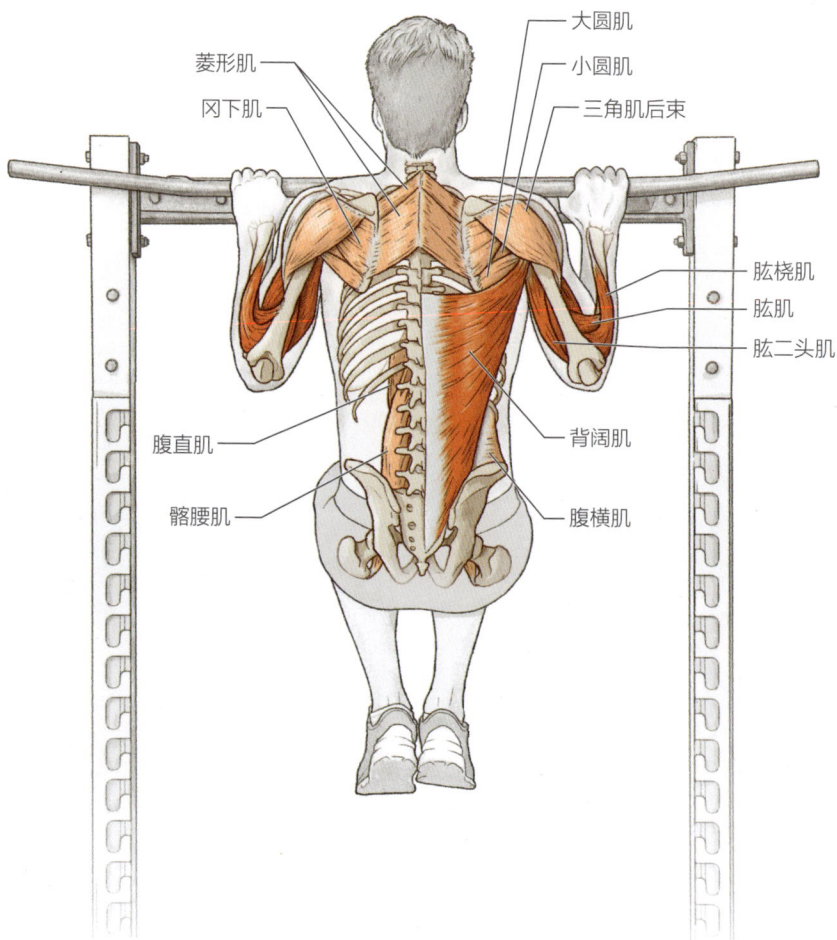

菱形肌

冈下肌

大圆肌

小圆肌

三角肌后束

肱桡肌

肱肌

肱二头肌

腹直肌

髂腰肌

背阔肌

腹横肌

执行过程

1. 用正握方式抓住引体向上杆，然后垂直吊住身体。

2. 稳定吊住后，将膝关节抬向胸部，使其和臀部成90度角。

3. 保持该姿势的同时上拉身体，让下颚高过引体向上杆。

4. 在上拉和下降动作中保持腿部姿势不变。

5. 下降过程中要实现完全控制。放下身体，直到手臂完全锁死。

涉及的肌肉

主要：背阔肌、肱二头肌、肱肌、肱桡肌。

辅助：三角肌后束、菱形肌、腹直肌、大圆肌、小圆肌、冈下肌、腹横肌、髂腰肌。

冰球关注点

在防守或射门时，后背在发力以及稳定核心与肩膀方面起着至关重要的作用。保持膝关节向上可以消除在上拉时腿的代偿性摆动。此外，采用这种动作能最大限度激活核心肌肉和屈髋肌（髂腰肌）。这两种肌肉都是恢复步幅和提高速度的关键肌肉。

变式

用其他握杠方式

运动员可以用对握（两只手掌心相对）、反握（掌心向上）或交替握法（一只手掌心向上，另一只手掌心向下）完成提膝引体向上。

仰卧上拉

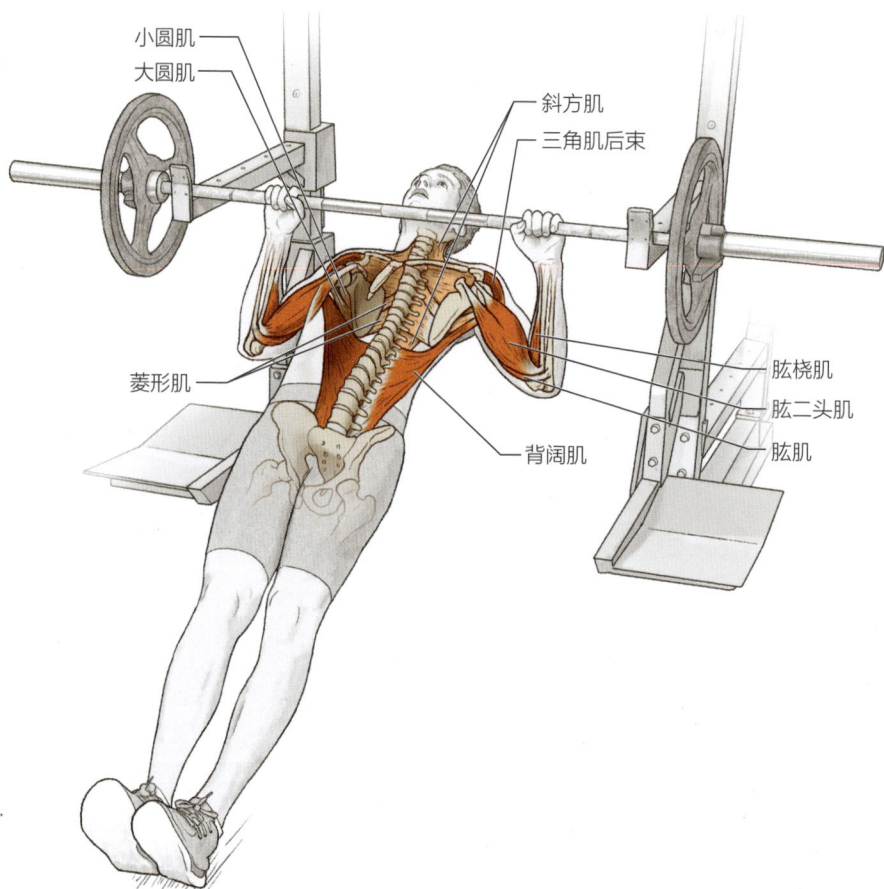

小圆肌

大圆肌

斜方肌

三角肌后束

菱形肌

肱桡肌

肱二头肌

肱肌

背阔肌

执行过程

1. 仰卧在杠铃或悬停力量训练器下，双脚并拢，双腿伸直。用正握方式握杆并伸直手臂。杠铃应设置在当你伸直手臂时背部离地6英寸（15厘米）的高度。

2. 上提身体并抬高臀部，保持头部向后仰，脚跟到头部成一条直线。

3. 将胸部向上拉至杠铃或悬停力量训练器手柄的高度。

4. 从顶部位置控制身体下降，保持整个身体成一条直线。

涉及的肌肉

主要：背阔肌、三角肌后束、肱二头肌、肱肌、肱桡肌。

辅助：菱形肌、斜方肌、大圆肌、小圆肌、冈下肌。

冰球关注点

直臂训练常常使人疲劳。因为上肢开始是伸直的，所以在练习中力量必不可少。无论是单手接球还是进行防守，沿着挡板保持控球权或获得控球权时，上背部和三角肌后束的力量至关重要。其能让你抵抗外力的推拉，在上肢远离身体的同时保持肩部稳定。

壶铃蹲压和下压

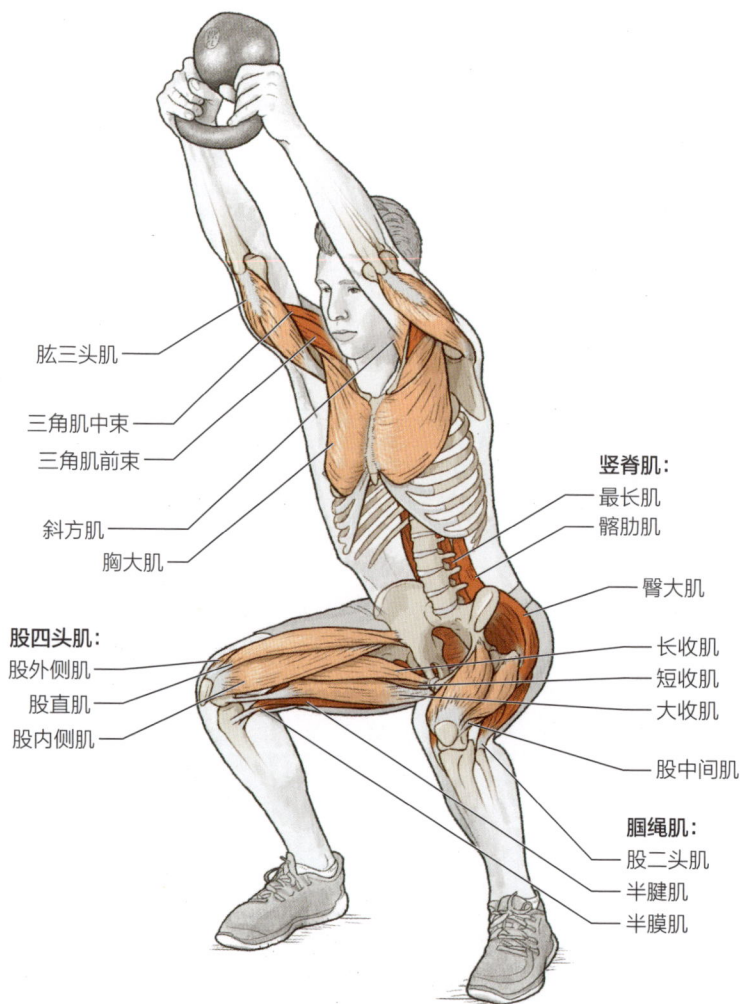

肱三头肌

三角肌中束

三角肌前束

斜方肌

胸大肌

竖脊肌：
最长肌
髂肋肌

臀大肌

长收肌

短收肌

大收肌

股中间肌

股四头肌：
股外侧肌
股直肌
股内侧肌

腘绳肌：
股二头肌
半腱肌
半膜肌

执行过程

1. 双手握住壶铃的把手，将壶铃上转，使壶铃底部朝上。将壶铃移到胸部高度。以一个传统的深蹲姿势为基础：双脚分开，比肩稍宽，双脚稍微外转。

2. 下蹲成深蹲姿势。同时上举壶铃，直到手臂完全伸直。保持腘绳肌与地面平行。

3. 从深蹲姿势开始伸直双腿，同时将壶铃降低到胸部高度。

涉及的肌肉

主要： 臀大肌、腘绳肌（半腱肌、半膜肌、股二头肌）、三角肌前束、三角肌中束、竖脊肌（髂肋肌、最长肌、棘肌）。

辅助： 股四头肌（股直肌、股外侧肌、股内侧肌、股中间肌）、长收肌、大收肌、短收肌、肱三头肌、斜方肌、三角肌后束、胸大肌。

冰球关注点

该练习可激活和加强全身肌肉，并通过一系列的动作来锻炼肌肉，同时需要保持稳定和平衡。该动作的关键是在完成深蹲时要将壶铃完全稳定在头顶高度，并避免身体前倾。对于冰球运动，全身需作为一个整体来活动，并在整个活动过程中，即使受到外力也能保持稳定。

变式

其他腿部姿势

运动员也可以采用相扑下蹲或分腿蹲姿势开始执行壶铃蹲压和下压练习。

半跪单臂哑铃举转

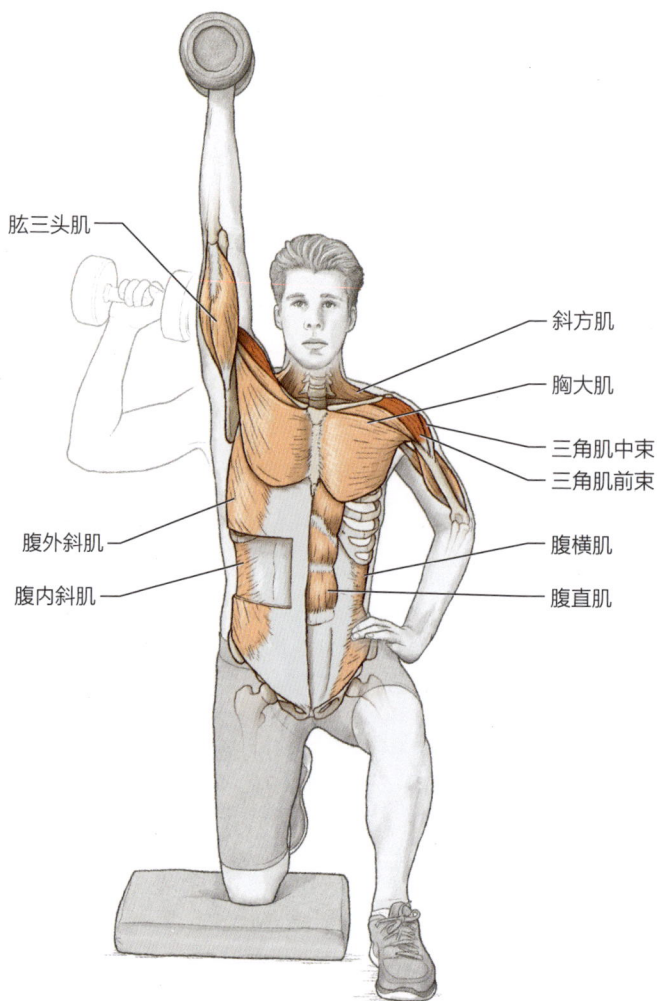

肱三头肌

斜方肌

胸大肌

三角肌中束

三角肌前束

腹外斜肌

腹横肌

腹内斜肌

腹直肌

执行过程

1. 双腿稍微分开成弓步，后膝放在地板上，前腿的膝关节成90度角。在后膝下面的地板上放一个软垫。
2. 用前腿对侧的手抓住一个哑铃（如果左腿在前，则用右手抓住哑铃）。
3. 用正握方式握住（掌心朝向身体前侧）哑铃，放在肩膀上。另一只手放在前腿的髋部。
4. 将哑铃举过头顶并转动它，让掌心向躯干转动。
5. 将哑铃下降到肩膀处，并再次转动成正握方式。
6. 在一侧完成所有重复动作，然后换另一侧练习。

涉及的肌肉

主要：三角肌前束、三角肌中束。

辅助：肱三头肌、斜方肌、三角肌后束、胸大肌、腹直肌、腹横肌、腹外斜肌、腹内斜肌。

冰球关注点

该练习的重点是单侧肩部力量和对侧稳定。在冰球比赛中，射门和单臂运球都依靠强壮的肩关节完成整个动作，而身体的另一侧需要保持稳定。

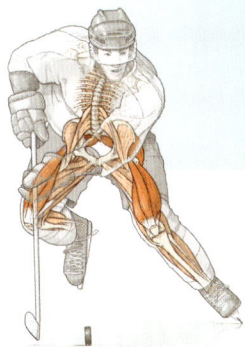

第3章

爆发力

爆发力指作用在一段距离上的功，但也指一段时间内消耗的能量。它利用运动员的力量并将其转化为爆发性。培养爆发力可以提高滑冰能力。爆发力可以让滑冰者快速起动、停止和加速。爆发力可以让冰球运动员赢得对抗。长时间使用强有力的动作会消耗大量的能量。训练时记住这一点会让你努力练习更长的时间。

完成爆发力训练后需要大量的恢复时间（在大多数情况下要长于力量练习的恢复时间），所以应合理地安排爆发力练习，至少要隔两天再进行同类练习。爆发力涉及的肌群会将某个物体拉向或者推离身体、向前推动身体以及向上推动身体。由于爆发力练习会使用多个肌群，所以这些肌群可能需要休息和恢复。与力量练习类似，要注意围绕冰球比赛来规划这些训练，这样在比赛中肌肉才不会酸痛或者丧失能力。

波浪下蹲

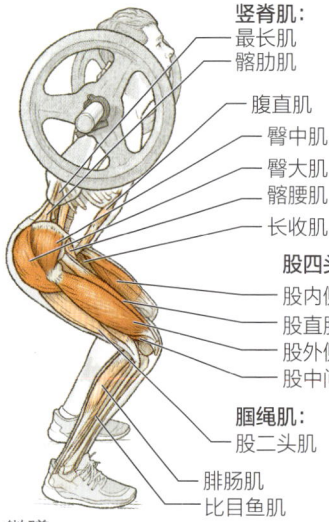

竖脊肌:
最长肌
髂肋肌

腹直肌
臀中肌
臀大肌
髂腰肌
长收肌

股四头肌:
股内侧肌
股直肌
股外侧肌
股中间肌

腘绳肌:
股二头肌

腓肠肌
比目鱼肌

微蹲

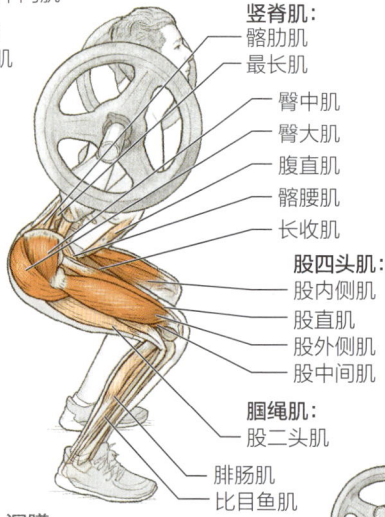

竖脊肌:
髂肋肌
最长肌

臀中肌
臀大肌
腹直肌
髂腰肌
长收肌

股四头肌:
股内侧肌
股直肌
股外侧肌
股中间肌

腘绳肌:
股二头肌

腓肠肌
比目鱼肌

深蹲

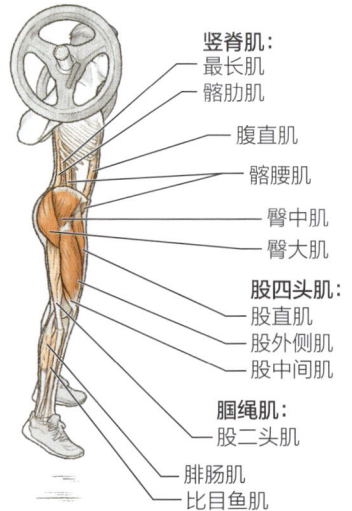

竖脊肌:
最长肌
髂肋肌

腹直肌
髂腰肌

臀中肌
臀大肌

股四头肌:
股直肌
股外侧肌
股中间肌

腘绳肌:
股二头肌

腓肠肌
比目鱼肌

蹲跳

执行过程

1. 走进深蹲架，并将杠铃扛在肩膀和颈部后方。起身将杠铃抬离深蹲架，并向后迈两小步。双脚分开，稍宽于肩，脚尖轻微外转。

2. 通过后推使髋部下降，直到双膝弯曲约20度，成微蹲姿势。

3. 重复做2次微蹲。

4. 执行1次深蹲，下蹲至腘绳肌与地面平行的高度。

5. 从深蹲姿势起身，并执行1次深蹲跳跃。轻轻地落地。

6. 3次微蹲、1次深蹲和1次深蹲跳跃为1组练习。重复练习规定的组数。

涉及的肌肉

主要：股四头肌（股直肌、股外侧肌、股内侧肌和股中间肌）、臀大肌和臀中肌。

辅助：腘绳肌（半腱肌、半膜肌和股二头肌）、内收大肌、长收肌、内收短肌、腹直肌、竖脊肌（髂肋肌、最长肌和棘肌）、腓肠肌、比目鱼肌和髂腰肌。

冰球关注点

承受乳酸在双腿上堆积产生的酸痛的同时依然具有爆发力对冰球运动而言至关重要。运动员必须能够应对这些堆积物产生的酸痛，并且仍然能够像刚轮换上场或者比赛开始时那样高效运动。无论运动员在比赛中的位置如何，这种形式的下蹲组合练习能够重现那种比赛中的感觉并持续具有爆发性。此外，在一定的休息间隔下进行该练习时，会让身体快速排出乳酸，以模拟在冰上所经历的情况。

海登式下蹲

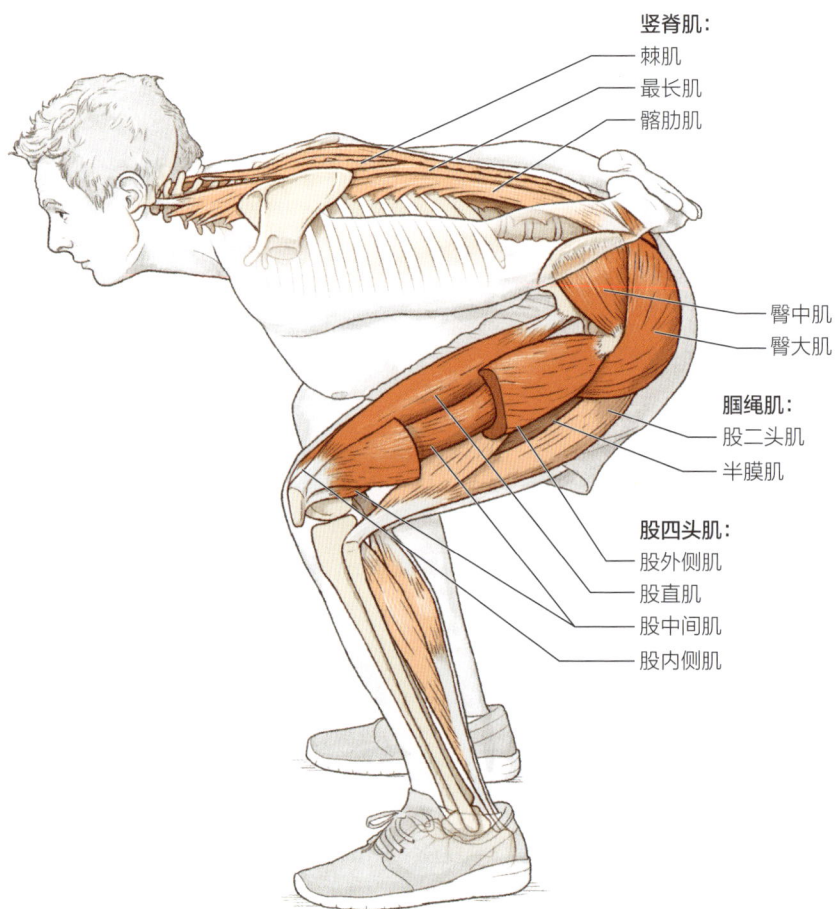

竖脊肌：
棘肌
最长肌
髂肋肌

臀中肌
臀大肌

腘绳肌：
股二头肌
半膜肌

股四头肌：
股外侧肌
股直肌
股中间肌
股内侧肌

执行过程

1. 双脚分开，与肩同宽，摆出下蹲起始姿势。
2. 将胸部降低到与地面平行为止。
3. 双手在背后的腰椎处叠放在一起。
4. 保持胸部处于低位，通过屈膝来降低身体高度。
5. 每次下蹲期间都要迅速地下蹲和起身。

涉及的肌肉

主要：股四头肌（股直肌、股外侧肌、股内侧肌和股中间肌）、臀大肌和臀中肌。

辅助：腘绳肌（半腱肌、半膜肌和股二头肌）、竖脊肌（髂肋肌、最长肌和棘肌）、腓肠肌和比目鱼肌。

冰球关注点

冰球（尤其是滑冰）运动非常依赖关节角度。海登式下蹲会让下肢到达极端位置，这能让身体承受更高的乳酸水平，同时让髋部、双膝和脚踝正确地弯曲。胸部降低姿势会限制运动范围来保持下肢上的压力，还会强化下腰椎。当胸部挺直时，下腰椎会保持合适的滑冰姿势。

变式

横向海登式下蹲

摆出与海登式下蹲相同的起始姿势。每次下蹲时，稍微向侧面迈步让双脚分得更宽，然后返回至起始姿势。

高低位快速下蹲

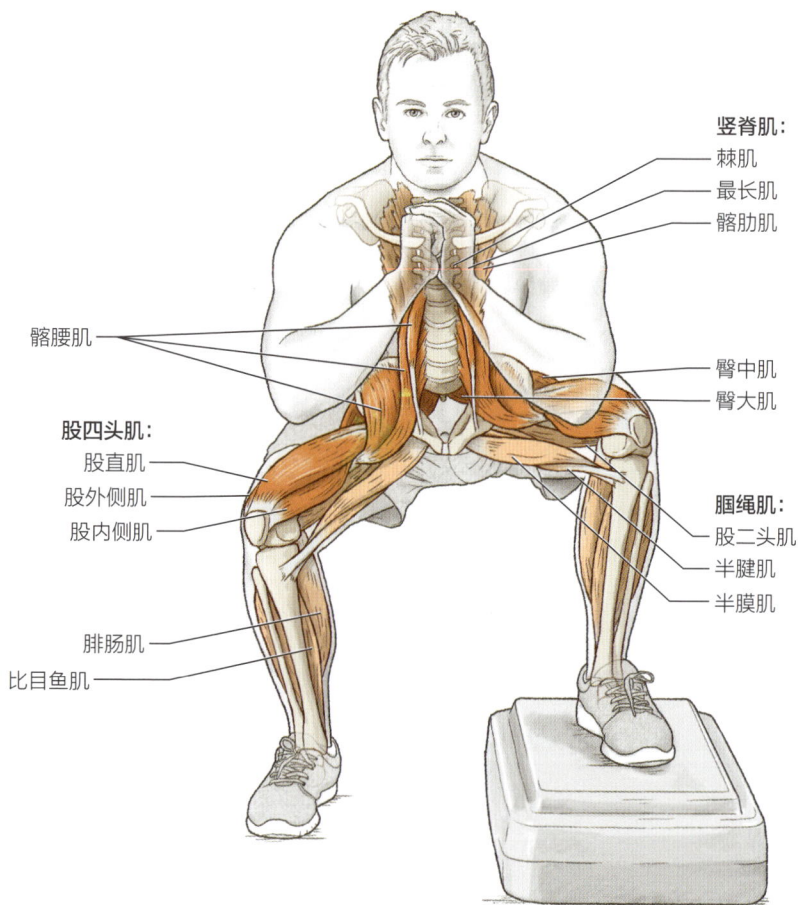

竖脊肌：
棘肌
最长肌
髂肋肌

髂腰肌

臀中肌
臀大肌

股四头肌：
股直肌
股外侧肌
股内侧肌

腘绳肌：
股二头肌
半腱肌
半膜肌

腓肠肌
比目鱼肌

执行过程

1. 将一个6~10英寸（16~25厘米）高的箱子放在一只脚下面。
2. 摆出下蹲姿势，双脚分开10~12英寸（25~30厘米）。双手在身前抱拳，放在胸部高度，或者在背后相握。
3. 挺胸并保持脊柱和头部处于中立位，迅速地下蹲，然后立即从底部位置起身。
4. 下蹲时，在顶部位置或底部位置都不要停顿。
5. 执行规定的重复次数，然后将箱子移到另一只脚下，并重复上述动作。

涉及的肌肉

主要：股四头肌（股直肌、股外侧肌、股内侧肌和股中间肌）、臀大肌、臀中肌和髂腰肌。

辅助：腘绳肌（半腱肌、半膜肌和股二头肌）、竖脊肌（髂肋肌、最长肌和棘肌）、腓肠肌和比目鱼肌。

冰球关注点

练习高低位快速下蹲时，一条腿抬高会加强施加在这条腿上的压力，从而堆积更多的乳酸并提高这条腿的乳酸阈值。此外，迅速的加速和减速运动会锻炼肌肉收缩的速度。在冰面上滑冰时，该练习能帮助运动员实现更快速地换腿。

悬垂高拉

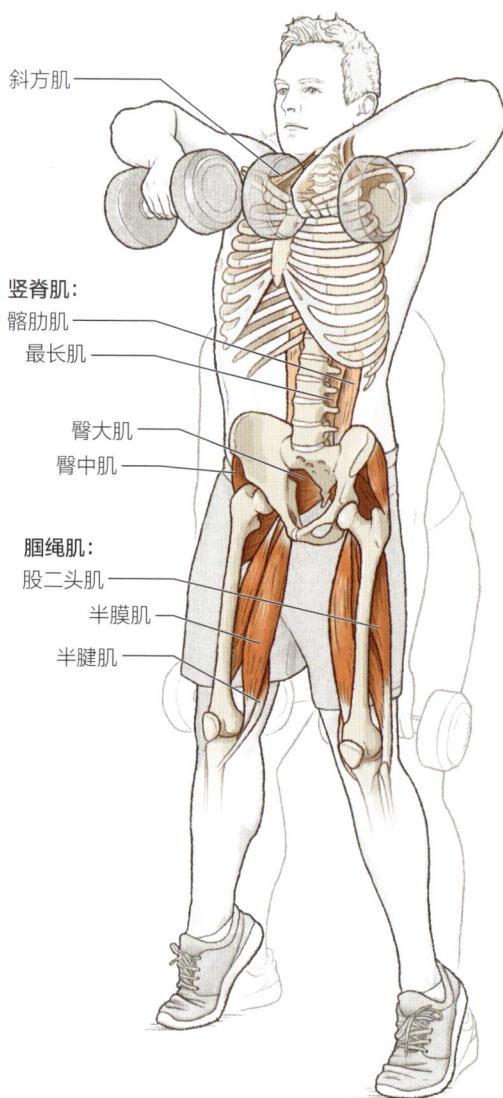

斜方肌

竖脊肌：
髂肋肌
最长肌

臀大肌
臀中肌

腘绳肌：
股二头肌
半膜肌
半腱肌

执行过程

1. 双臂伸直握住一对哑铃或者一根杠铃，放在髋部同高处用双腿顶住。双脚与肩同宽，脚尖笔直朝前。
2. 保持肩膀靠后并且背部挺直，通过髋部合拢和向后移动的方式降低身体重心，并向下伸直双臂。将身体重心放在双脚的中后部位。将重物降低至双膝的上面。
3. 通过蹬地和向前上方推动髋部的方式提升身体重心，拉起重物。通过抬起脚跟的方式伸展脚踝。随着重物抬升至髋部高度，双肘上提并且耸动肩膀，继续上拉重物。要确保重物径直地在体前移动。不要用伸直的手臂向前抛重物或者向后弯曲双肘。重物应当上拉至下巴高度。落下脚跟并伸直双臂，回到起始位置。
4. 立即将重物降低至双膝，并重复规定的练习次数。

涉及的肌肉

主要：臀大肌、臀中肌和腘绳肌（半腱肌、半膜肌和股二头肌）。

辅助：斜方肌和竖脊肌（髂肋肌、最长肌和棘肌）。

冰球关注点

悬垂高拉是一项基础性的锻炼爆发力的运动，所有更为复杂的举重都是从它发展而来。该练习会为冰球运动员教授正确的竞技姿势和蹬地的推力，同时也会帮助运动员掌握冰面上运用更多力量的方法。当运动员站在冰面上并且需要从完全静止的状态发力加速时，初始爆发的速度很重要。

变式

高拉替代做法

- 采用窄握（与肩同宽）或者抓握（宽距）执行悬垂高拉。
- 向上拉杠铃的过程中，跳离地面。
- 采用哑铃时，只用一只手臂或者双臂交替执行悬垂高拉。
- 采用相扑下蹲基础姿势。

爆发力

悬垂抓举

爆发力

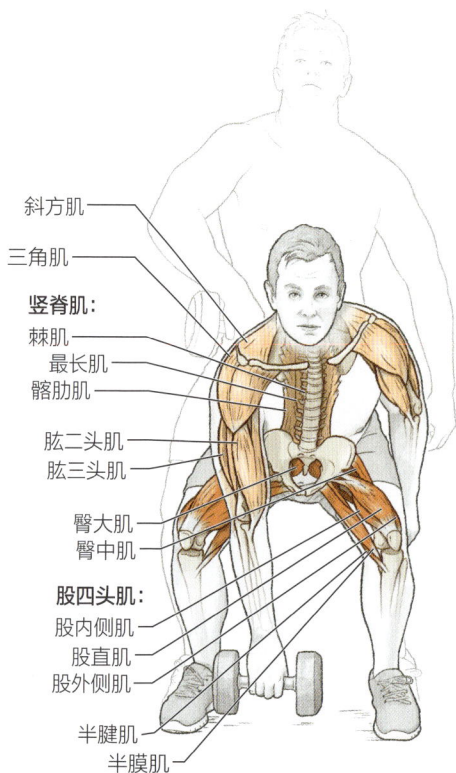

斜方肌
三角肌

竖脊肌：
棘肌
最长肌
髂肋肌

肱二头肌
肱三头肌

臀大肌
臀中肌

股四头肌：
股内侧肌
股直肌
股外侧肌

半腱肌
半膜肌

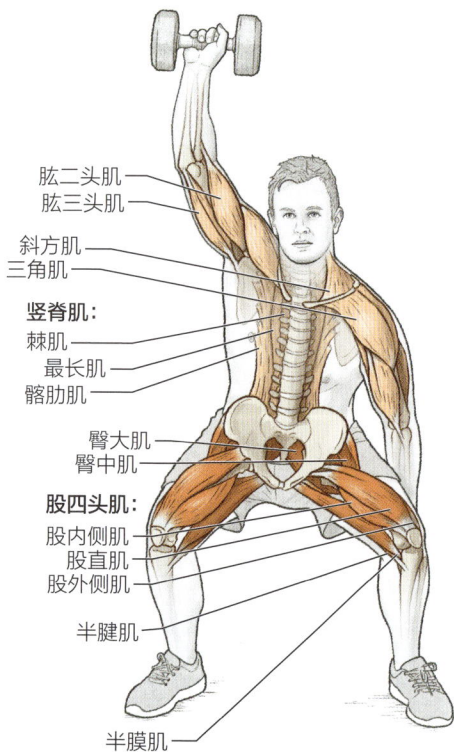

肱二头肌
肱三头肌

斜方肌
三角肌

竖脊肌：
棘肌
最长肌
髂肋肌

臀大肌
臀中肌

股四头肌：
股内侧肌
股直肌
股外侧肌

半腱肌

半膜肌

52

执行过程

1. 身体微蹲，手臂伸直紧贴腿前侧握住单个哑铃。双脚与肩同宽并且脚尖朝前。
2. 保持背部平直并且肩膀靠后，通过向后合拢髋部的方式将哑铃降低至双腿之间双膝下方。一旦哑铃到达这一点，双脚立即蹬地并且通过向前上方推动髋部和脚踝的方式上拉哑铃。
3. 哑铃经过髋部时，跳离地面，并且同时用哑铃耸动手臂，从而上抬肘部。不要用伸直的手臂向前抛哑铃。
4. 在哑铃沿着胸部上升至最高点的过程中，身体位于哑铃的下方，逐渐伸展手臂，直到完全伸直手臂，哑铃位于头顶上方。
5. 将哑铃降低至肩膀，然后再降低至起始位置。不要用伸直的手臂将哑铃直接放下来。

涉及的肌肉

主要：臀大肌、臀中肌、股四头肌（股直肌、股外侧肌、股内侧肌和股中间肌）、半腱肌和半膜肌。

辅助：斜方肌、竖脊肌（髂肋肌、最长肌和棘肌）、肱二头肌、肱三头肌和三角肌。

冰球关注点

悬垂抓举是一项全身性的爆发力运动，其中由蹬地产生的力量被传送到全身，并且最终到达重物在头顶上方的锁定位置。悬垂抓举动作能培养踝关节、膝关节和髋关节三处关节伸展的爆发力，并且当哑铃举到头顶上方时还会改善肩膀的动态稳定性。由于伸展手臂进行抢打以及伸球杆时对强壮性的需求，这些特性在冰球中很重要。

变式

体前交叉悬垂抓举

执行悬垂抓举，但是在运动开始后哑铃下降的过程中，要将哑铃移动到对侧膝关节的外侧，从而旋转躯干。

交替悬垂抓举

采用两个哑铃，并且在每次重复时或者每组中交替使用双臂。

爆发力

快速俄式弓步

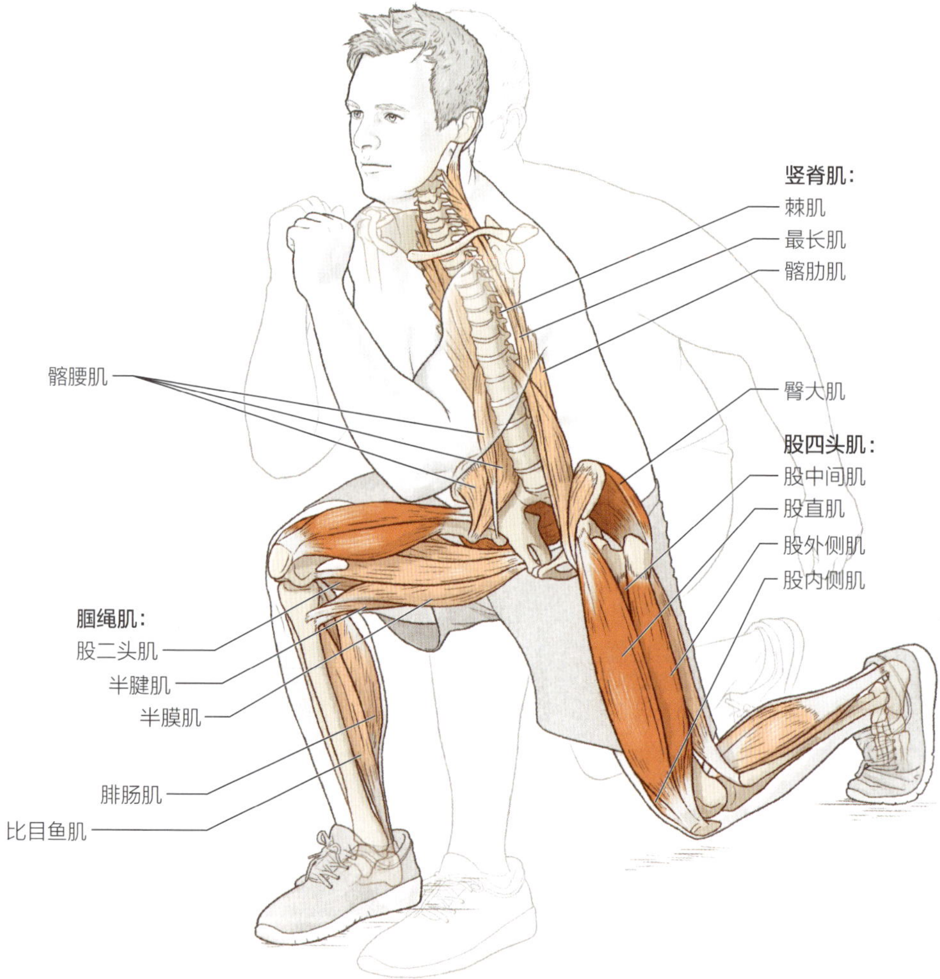

竖脊肌：
棘肌
最长肌
髂肋肌

臀大肌

股四头肌：
股中间肌
股直肌
股外侧肌
股内侧肌

髂腰肌

腘绳肌：
股二头肌
半腱肌
半膜肌

腓肠肌

比目鱼肌

执行过程

1. 摆出夸张的前后分腿姿势，前侧膝关节屈曲至90度，并且后侧膝关节伸展大约120度。
2. 尽可能地保持低位（不要抬起肩膀，让肩膀处在与低位姿势相同的平面内），利用爆发力交换双腿。
3. 短暂地停顿几秒，再次交换双腿。
4. 每侧执行规定的重复次数或者执行特定的时间。关键在于要尽可能快速地换腿，而不在于尽快地结束训练。

涉及的肌肉

主要：股四头肌（股直肌、股外侧肌、股内侧肌和股中间肌）和臀大肌。

辅助：腘绳肌（半腱肌、半膜肌和股二头肌）、内收大肌、长收肌、内收短肌、腓肠肌、比目鱼肌、竖脊肌（髂肋肌、最长肌和棘肌）和髂腰肌。

冰球关注点

身体处于低位的同时，迅速复位和交换双腿的能力对于高效且爆发性地滑冰来讲很有必要。快速俄式弓步会教授并培养运动员掌握该技巧。此外，在整个重复练习中身体始终处于低位能培养运动员承受乳酸堆积的能力。这些能力能使运动员在延迟疲劳的同时维持滑动速度。

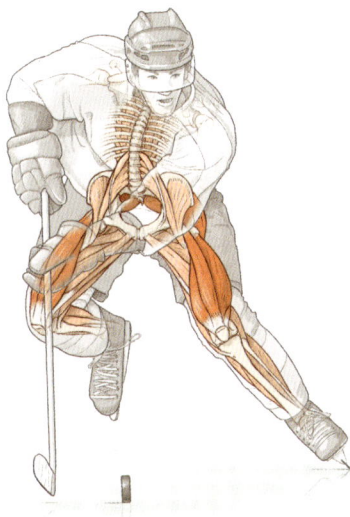

借力推举

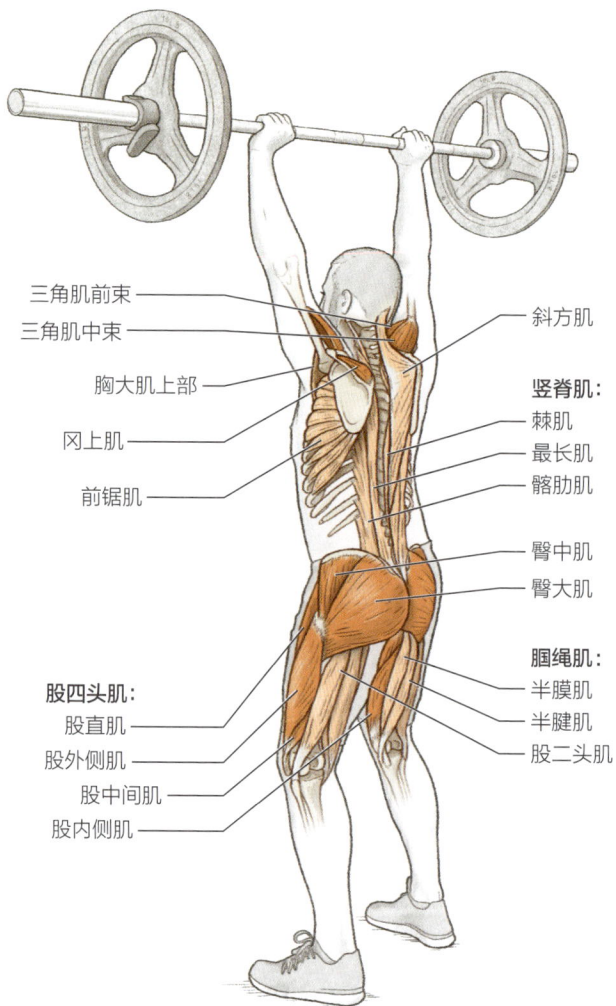

三角肌前束

三角肌中束

胸大肌上部

冈上肌

前锯肌

斜方肌

竖脊肌：

棘肌

最长肌

髂肋肌

臀中肌

臀大肌

腘绳肌：

半膜肌

半腱肌

股二头肌

股四头肌：

股直肌

股外侧肌

股中间肌

股内侧肌

执行过程

1. 沿着肩膀前方放置一个杠铃。双脚与肩同宽站定，双手正握住杠铃。

2. 双脚放平，轻微地屈曲双膝来降低身体重心。立即通过向上推动髋部的方式抵抗向下的运动。

3. 在伸展髋部的过程中，将杠铃推离肩膀，直达头顶上方。由于下半身伸展的力量，脚跟将会离地，但是一旦杠铃被锁死在头顶上方就要将脚跟落回地面。来自下半身的推力应当迅速地将重物推送到头顶上方。

4. 以受控的方式将杠铃降低至肩膀，并重复规定的次数。

涉及的肌肉

主要：股四头肌（股直肌、股外侧肌、股内侧肌和股中间肌）、臀大肌、臀中肌、三角肌前束、三角肌中束和冈上肌。

辅助：腘绳肌（半腱肌、半膜肌和股二头肌）、竖脊肌（髂肋肌、最长肌和棘肌）、斜方肌、胸大肌上部和前锯肌。

冰球关注点

借力推举的垂直运动是一种全身性的锻炼方式。该运动不仅有利于培养肩膀稳定性，还有利于培养髋部的爆发力。将杠铃上举（下降）的迅速爆发能力会转化为更加强有力的身体冲撞和反击能力。

变式

借力推举替代做法

- 单腿执行。
- 双手用中性握法握住哑铃执行该练习。
- 单臂执行。

滑冰跳跃

竖脊肌：
棘肌
最长肌
髂肋肌

臀中肌
臀大肌

腘绳肌：
半膜肌
股二头肌
半腱肌

股四头肌：
股直肌
股外侧肌
股内侧肌

腓肠肌
比目鱼肌

股中间肌

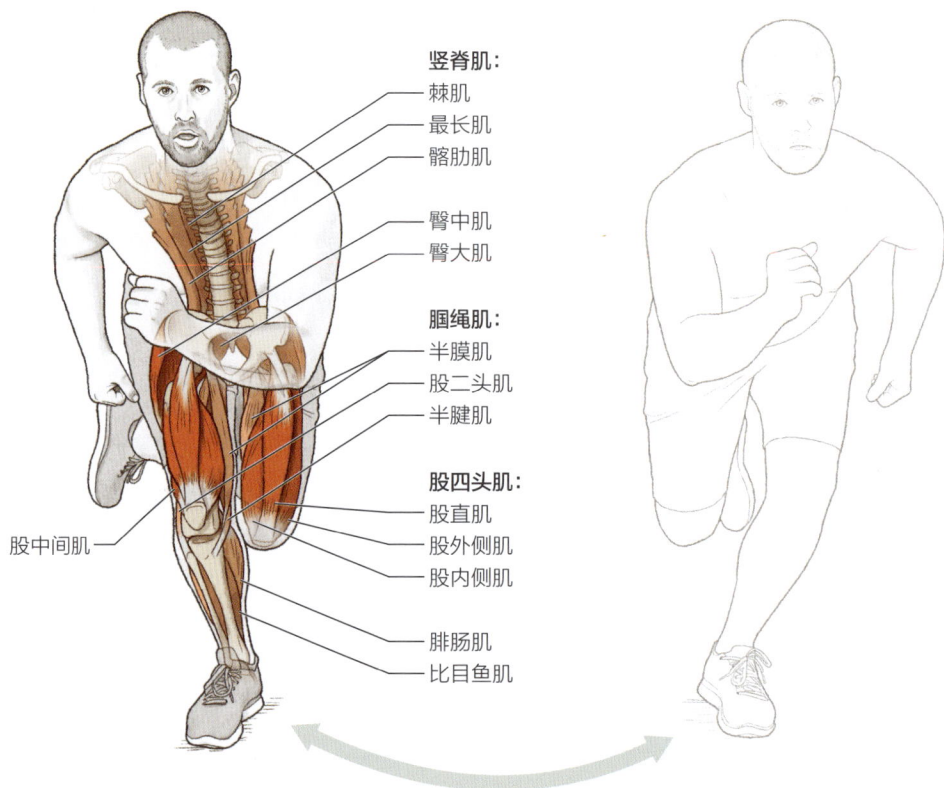

安全提示： 先短距离和低高度横向跳，直到掌握该动作为止。

58

执行过程

1. 单腿站立，另一条腿离地并且轻微地弯曲在支撑腿后面。
2. 轻微地弯曲髋部和支撑腿的膝关节来降低身体重心。
3. 降到最低处时，立即横向蹬离地面。
4. 支撑腿对侧的脚轻轻地落地，并且髋部和膝关节屈曲，降低至与第一次跳跃开始时相同的高度。
5. 立即跳回至对侧腿支撑。每条腿持续蹬跳规定的重复次数或特定的时间。

涉及的肌肉

主要：股四头肌（股直肌、股外侧肌、股内侧肌和股中间肌）、臀大肌和臀中肌。

辅助：腘绳肌（半腱肌、半膜肌和股二头肌）、竖脊肌（髂肋肌、最长肌和棘肌）、腓肠肌和比目鱼肌。

冰球关注点

该爆发力练习是另一项多种肌肉的练习，并且具有多方面的益处。该练习能培养运动员在滑冰过程中向前推进所用的爆发力。横向弹跳练习能培养运动员停止和变向所用的爆发力。

一旦掌握了滑冰跳跃，那么你便可以增加强度和调整关注点。例如，跳跃的高度增高，距离加远。肩膀将会随着跳跃的高度上升和下降也可以跳跃至最远距离，使整个跳跃过程中肩膀始终处于相同的高度。

变式

横向弹跳

执行滑冰跳跃，但是要蹬离地面，并落在对侧脚的位置上，然后再次用第一条腿蹬地，并持续沿相同的方向横向蹬离地面重复规定的次数。

波速球滑冰弹跳

高级运动员可以将脚放在不稳定的表面上（如波速球）来练习。以相同的方式执行滑冰跳跃，但是一侧腿要落在坚实的地面上，而另一侧腿要落在不稳定的表面上。或者，在执行滑冰跳跃时两腿都落在不稳定的表面上。

健身凳提膝

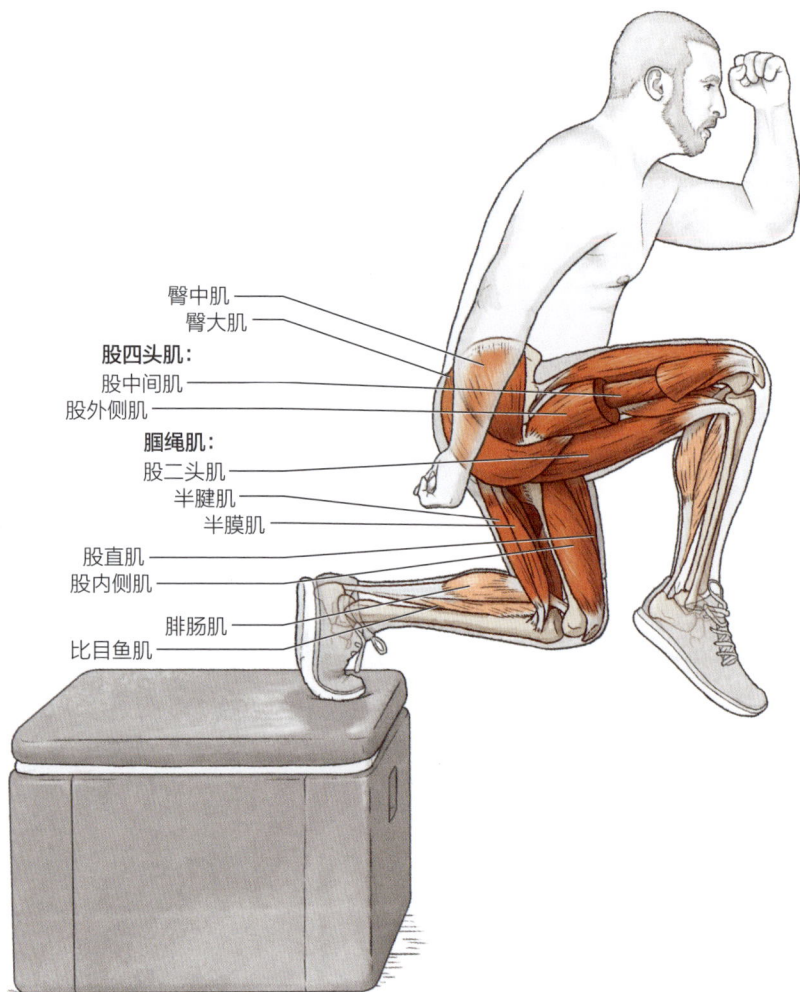

臀中肌
臀大肌
股四头肌：
股中间肌
股外侧肌
腘绳肌：
股二头肌
半腱肌
半膜肌
股直肌
股内侧肌
腓肠肌
比目鱼肌

执行过程

1. 摆出一个正常的前后分腿姿势，前腿的膝关节屈曲成90度角，后腿膝关节也屈曲成90度角，并且后脚放到健身凳上面。
2. 通过弯曲前腿的膝关节来降低身体高度至劈叉姿势。降到最低处时，立即通过伸展髋部和膝关节的方式将前腿垂直蹬离地面。
3. 跳到最高处时，将前侧的膝关节提向胸部。立即降低身体至分腿下蹲姿势，并再次将前腿蹬离地面。要确保胸部挺直，并且利用双臂向上推动。
4. 两条腿持续重复规定的次数。

涉及的肌肉

主要：股四头肌（股直肌、股外侧肌、股内侧肌和股中间肌）、腘绳肌（半腱肌、半膜肌和股二头肌）、臀大肌和臀中肌。

辅助：腓肠肌和比目鱼肌。

冰球关注点

该练习能培养单腿的爆发力，并且如果持续执行更长的时间，还能培养运动员的无氧耐力。在受到压迫时，该练习有助于运动员实现重复性的速度爆发。体育运动的本质要求运动员具备单腿爆发的能力。此外，通过增加每个相继跨步时提膝和将膝关节落到重心下方的能力和速度，每次跳跃时的向上提膝的能力都会转化成冰面运动能力。膝关节提得越快、越有力，运动员滑冰的速度也会越快。

变式

健身凳提膝和横向跳越障碍

将一个小栏架或者实心球放置在前脚的一侧。后脚放在健身凳或者箱子上面来执行提膝跳跃。落地之后，横向来回跳过小栏架或者实心球。

深跳再跳向另一跳箱

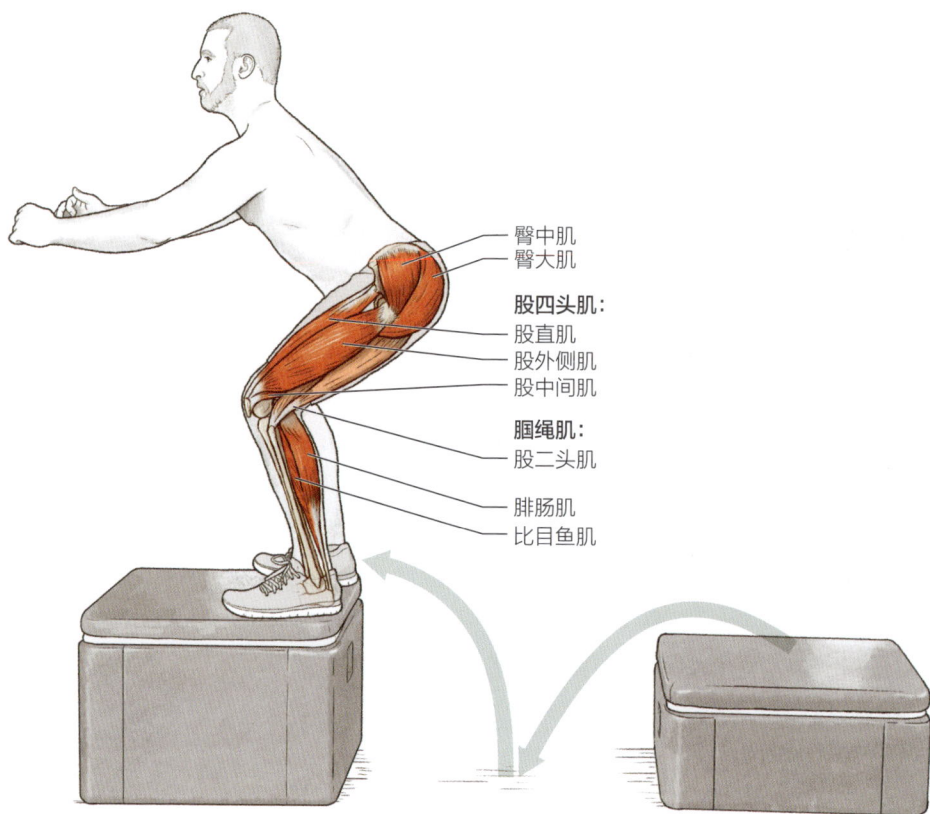

臀中肌
臀大肌

股四头肌：
股直肌
股外侧肌
股中间肌

腘绳肌：
股二头肌

腓肠肌
比目鱼肌

执行过程

1. 站在一个12~24英寸（30~61厘米）高的箱子边缘。

2. 抬起一只脚并悬停于箱子的边缘。

3. 从箱子上跳落，双脚着地。不要跃起来从箱子上跳下。

4. 在双脚与地面接触之后，立即跳到一个比跳落箱更高的箱子上面。

涉及的肌肉

主要：股四头肌（股直肌、股外侧肌、股内侧肌和股中间肌）、臀大肌、臀中肌、腓肠肌和比目鱼肌。

辅助：腘绳肌（股二头肌、半膜肌和半腱肌）。

冰球关注点

该练习能培养运动员蹬离地面和停止的爆发力。迅速稳定和对地面接触做出响应的能力会使得冰面上每次都前进得更快。该练习的稳定性方面能培养运动员保持在核心肌群和姿势绷紧时的受控状态的能力，以最大化从下降到上升的能量传递。跳落时的减速动作还会帮助运动员掌握控制离心收缩的能力，这能帮助运动员实现更短的时间停止和再加速。

脱箱承接增强式俯卧撑

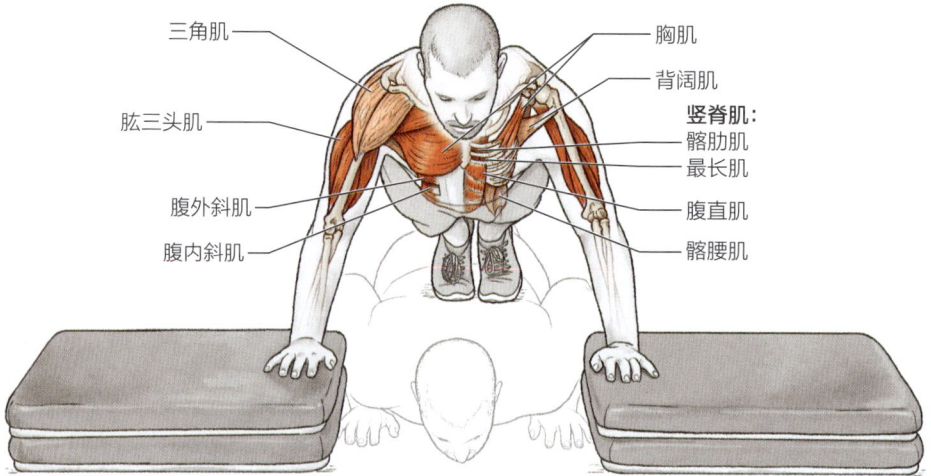

三角肌

肱三头肌

腹外斜肌

腹内斜肌

胸肌

背阔肌

竖脊肌：
髂肋肌
最长肌

腹直肌

髂腰肌

执行过程

1. 放置两个4~12英寸（10~30厘米）高的箱子，间隔恰好与肩膀同宽。摆出俯卧撑姿势，两只手分别放在两个箱子上面。在俯卧撑的顶部位置，固定双臂。

2. 双手从箱子上松开，上半身落向地面。在胸部撞到地面之前，将双手移到身体下方支撑住身体，胸部距离地面大约2英寸（5厘米）。

3. 保持2秒，然后双手用力推离地面。

4. 双手像起始姿势一样放在箱子上面。

涉及的肌肉

主要：胸肌、肱三头肌、腹直肌、腹外斜肌、腹内斜肌和竖脊肌（髂肋肌、最长肌棘肌）。

辅助：背阔肌、三角肌和髂腰肌。

冰球关注点

该增强式俯卧撑是另一项为对战、身体冲撞和击退对手培养爆发力的练习。该练习及其变式要比反应性的杠铃卧推及其变式更能调动核心肌群和髋部屈肌。

变式

交错增强式俯卧撑

摆出俯卧撑姿势，双手与肩同宽并且交错在身体下方：一只手略微在肩膀上方（靠近头部），另一只手略微在肩膀下方（靠近腰部）。降低身体至俯卧撑姿势，胸部移向地面。在胸部接触地面之前，双手爆发性地向上回推，胸部离开地面并尽可能高地抬起。在空中交换双手的前后位置。双手落地，并立即降低身体进入下一次重复。

波速球单臂交替抛实心球

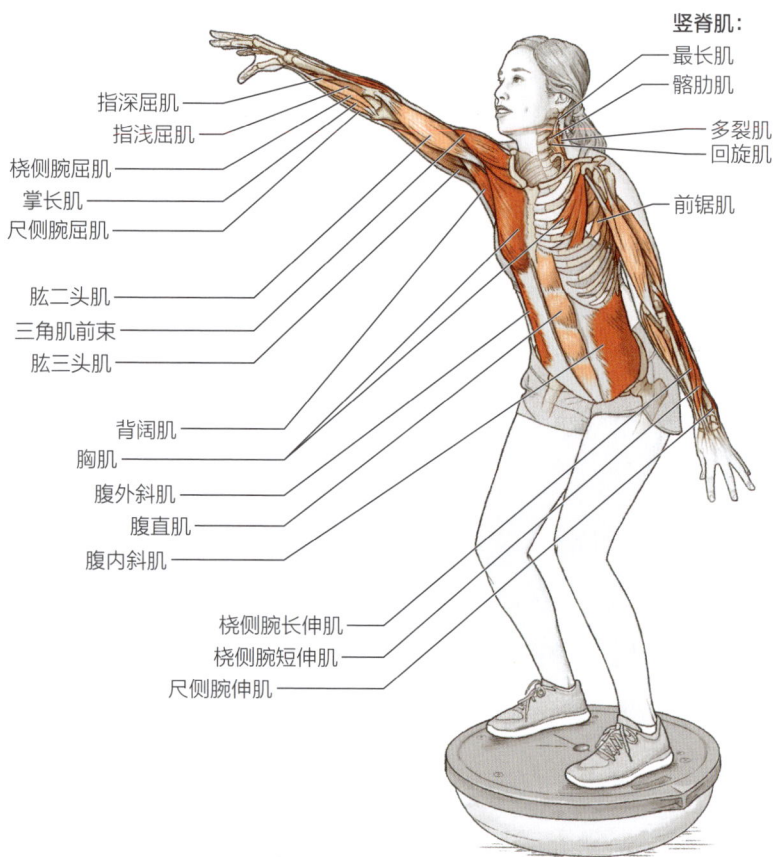

竖脊肌：
最长肌
髂肋肌
多裂肌
回旋肌
前锯肌

指深屈肌
指浅屈肌
桡侧腕屈肌
掌长肌
尺侧腕屈肌

肱二头肌
三角肌前束
肱三头肌

背阔肌
胸肌
腹外斜肌
腹直肌
腹内斜肌

桡侧腕长伸肌
桡侧腕短伸肌
尺侧腕伸肌

66

执行过程

1. 将稳定性训练器（如波速球）的圆侧放在下面，面向墙壁站在稳定性训练器上面。将实心球握在一只手中。

2. 从胸部外侧将实心球尽可能用力地抛向墙壁。实心球触碰到墙壁之后，将快速地弹回。

3. 立即用另一只手接住实心球，并将它降低至胸部外侧。继续将实心球抛向墙壁。

4. 每只手臂持续重复规定的次数。

涉及的肌肉

主要：胸肌、三角肌前束、背阔肌、腹外斜肌、腹内斜肌、桡侧腕长伸肌、桡侧腕短伸肌和尺侧腕伸肌。

辅助：多裂肌、回旋肌、前锯肌、肱二头肌、肱三头肌、桡侧腕屈肌、掌长肌、尺侧腕屈肌、指浅屈肌、指深屈肌、腹直肌和竖脊肌（髂肋肌、最长肌和棘肌）。

冰球关注点

该单臂增强式练习对于冰球陷在挡板附近，运动员一只手持球杆，另一只手推搡对手试图让其远离冰球时的对战来讲很重要。该练习有助于单臂力量和爆发力的培养，但是当双手都握在球杆上时，力量和爆发力的峰值甚至会更大。核心肌群的旋转会将爆发力传递至肩膀和手臂运动，而爆发力将会从该旋转中产生，从而使得力量通过核心肌群更加强有力地传递至上肢，使上肢更有力、更快地击球。根据技巧、训练目标和训练计划的时机，运动员可以在地面上执行该练习，或者单腿踩在稳定性训练器上执行该练习。

增强式引体向上

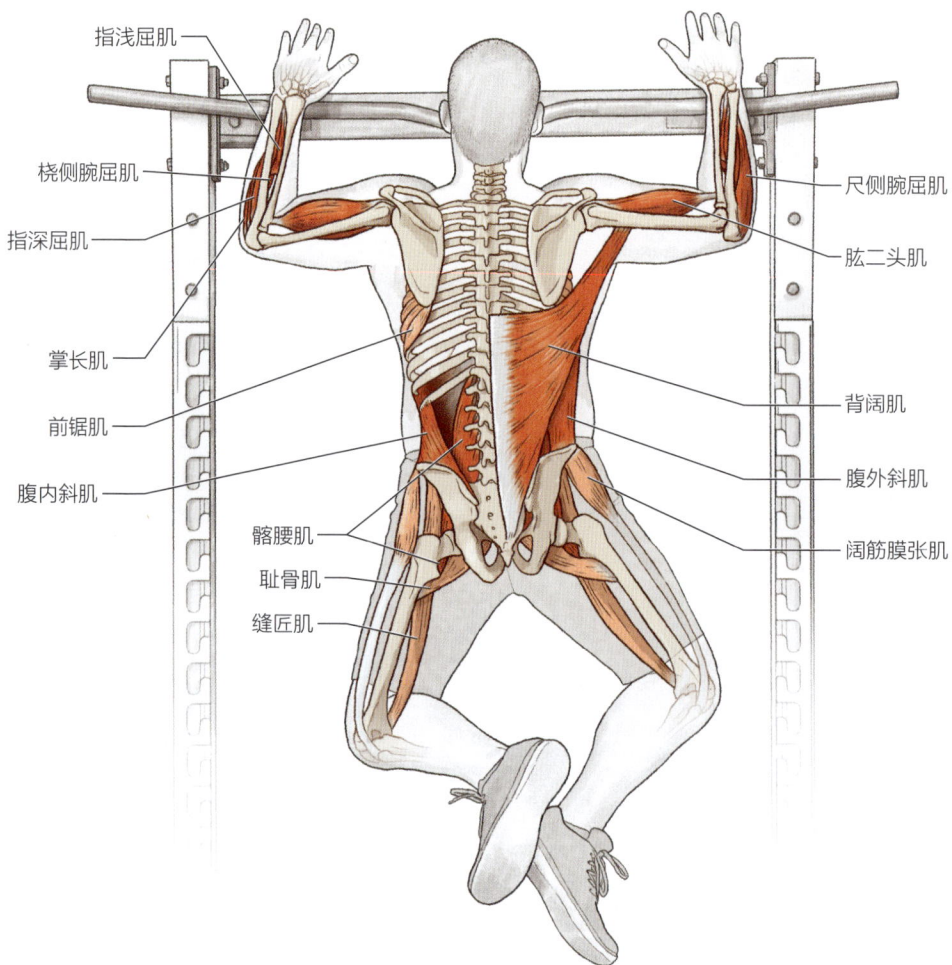

指浅屈肌

桡侧腕屈肌

指深屈肌

掌长肌

前锯肌

腹内斜肌

髂腰肌

耻骨肌

缝匠肌

尺侧腕屈肌

肱二头肌

背阔肌

腹外斜肌

阔筋膜张肌

执行过程

1. 双手用正手握法（掌心朝下）握住单杠并自然下垂。

2. 上拉身体，将下巴抬到单杠上方。

3. 上拉动作应当足够有力，以至于双手能离开单杠。

4. 一旦双手"跳离"单杠，立即再次抓住它，并以可控的方式降低身体至起始姿势。

5. 持续重复规定的次数。

涉及的肌肉

主要：背阔肌、肱二头肌、桡侧腕屈肌、掌长肌、尺侧腕屈肌、指浅屈肌、指深屈肌、腹直肌、腹外斜肌、腹内斜肌和髂腰肌。

辅助：前锯肌、阔筋膜张肌、耻骨肌和缝匠肌。

冰球关注点

增强式引体向上将有助于培养对战、身体冲撞和射门时需要的爆发力。该练习能锻炼运动员握力，使运动员在射门时更加有力。激活核心肌群还将使运动员更加稳定和有力地击打冰球。将核心肌群与上半身爆发力运动联系起来对于冰球运动至关重要。在进行上半身运动的同时处于相对稳定状态在争夺站位时很有必要。这种能力对于守门员也很重要，因为守门员必须在横向蹬离的同时保持挺直姿势去救球。

变式

交替握法

可以采用中性握法（掌心相对）、反手握法（掌心向上）或者正反握法（一只手掌心朝上，一只手掌心朝下）来执行增强式引体向上练习。

爆发力

69

反应式杠铃俯身划船

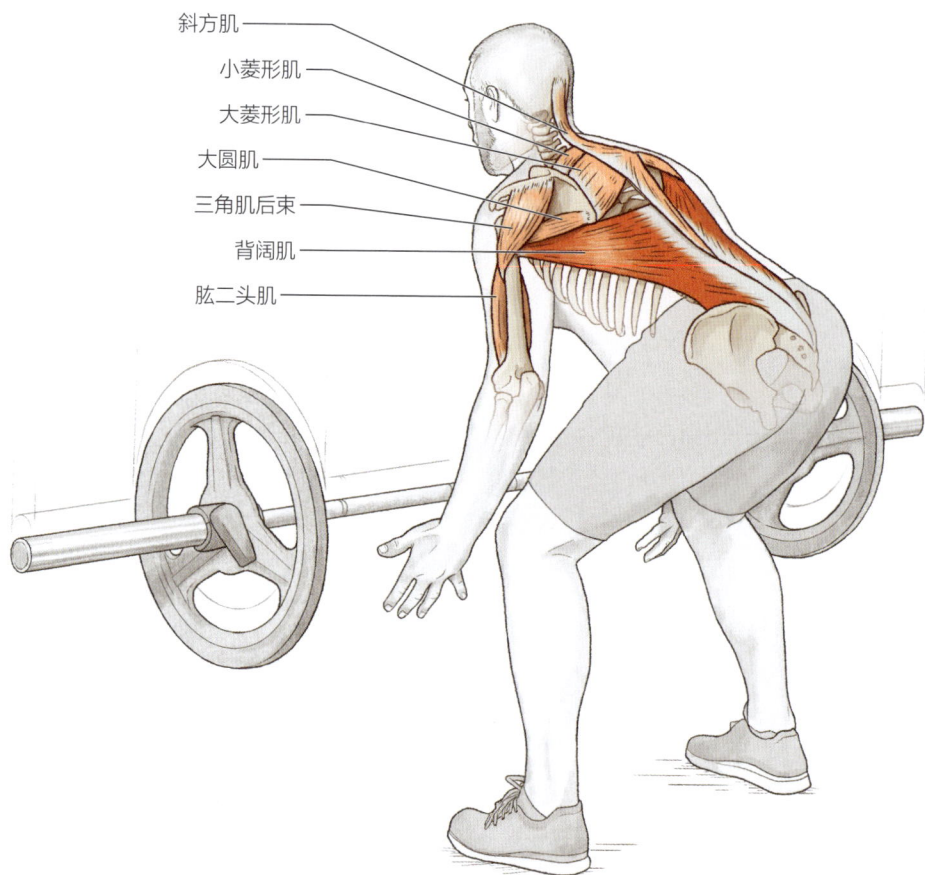

斜方肌————

小菱形肌————

大菱形肌————

大圆肌————

三角肌后束————

背阔肌————

肱二头肌————

执行过程

1. 用反手握法或者标准握法（掌心朝下）握住杠铃。膝关节微屈，保持背部完全平直，通过将腰部弯曲 70~90 度的方式将杠铃降低至膝关节下方。
2. 将杠铃拉升至胸围线位置。停住，并将杠铃顶在胸部，持续 1 秒。
3. 双手松开杠铃，然后向下伸手，在杠铃撞击地面之前将其接住。
4. 立即将杠铃拉回至胸围线位置并停顿片刻，再执行下一次重复。

涉及的肌肉

主要：背阔肌。

辅助：斜方肌、大菱形肌、小菱形肌、大圆肌、三角肌后束和肱二头肌。

冰球关注点

反应式杠铃俯身划船练习能在拉动过程中培养运动员力量和爆发力，这对于射门、对战以及滑冰或者站在门区保持合适的竞技姿势很重要。要结合爆发性的练习和力量练习来帮助运动员培养、稳定肩膀的肌肉，这一点也至关重要。

变式

反应式哑铃划船

摆出深弓步姿势。前腿对侧的手采用中性握法握住一个哑铃。将不握哑铃的手放在前腿的膝关节上。将哑铃拉升至肋骨位置，并停顿 1 秒。手松开哑铃，然后向下伸手接住哑铃。立即将哑铃拉回至肋骨位置并停顿片刻，再执行下一次重复。

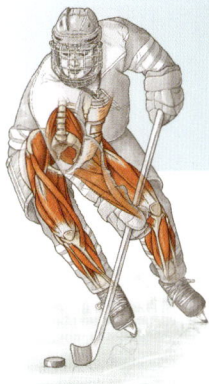

第4章

速度

速度是指运动的快慢程度。在冰球运动中，速度决定谁最先抢到球、运动员能否摆脱防守实现单刀突破以及谁掌控比赛。速度更快的冰球运动员能够摆脱对手的防守或者回防并破坏对手的单刀突破。速度可以帮助运动员挽救因判断失误造成的不利局面，或者在不暴露的前提下防守更多的区域。高速滑冰涉及的主要肌肉是臀肌（臀大肌、臀中肌和臀小肌）、腘绳肌（半腱肌、半膜肌和股二头肌）、股四头肌（股直肌、股外侧肌、股内侧肌和股中间肌）以及核心肌肉，包括腹直肌、腹内斜肌、腹外斜肌和竖脊肌（髂肋肌、最长肌和棘肌）。

扶墙行进

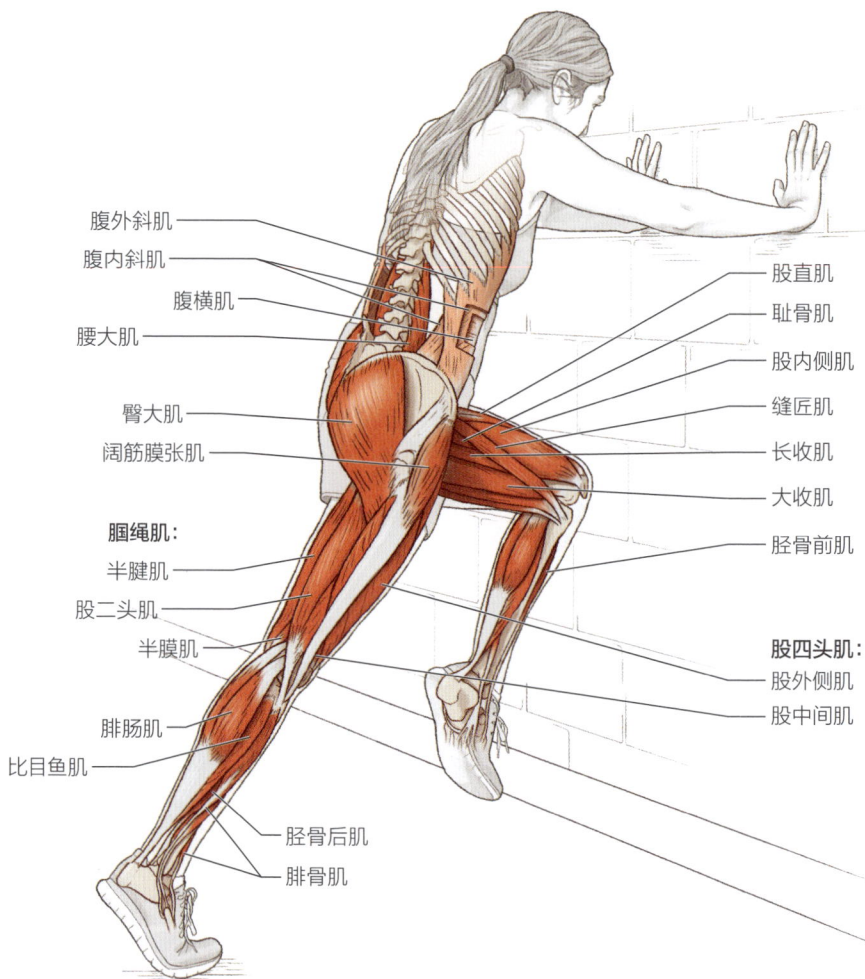

腹外斜肌

腹内斜肌

腹横肌

腰大肌

臀大肌

阔筋膜张肌

腘绳肌:

半腱肌

股二头肌

半膜肌

腓肠肌

比目鱼肌

胫骨后肌

腓骨肌

股直肌

耻骨肌

股内侧肌

缝匠肌

长收肌

大收肌

胫骨前肌

股四头肌:

股外侧肌

股中间肌

执行过程

1. 双手分开与肩同宽，扶在墙上。

2. 双脚向后蹬地，让肩部到脚跟成直线，且身体与墙壁形成45度的夹角，始终保持髋部处于挺直状态。

3. 将一侧膝关节抬到髋部高度。另一只脚放在地上，脚跟抬起，脚掌着地。

4. 听到指令或者做好准备时，立即交换双腿，让站立的那条腿抬起，另一条腿放下。

5. 加强抬起和放下腿的力量，要在每个方向尽可能发力。

6. 听到下一个指令后立即交换双腿。

7. 暂停并将每次跨步分开做。

8. 每侧重复规定的次数或者时间。

涉及的肌肉

主要：股四头肌（股直肌、股外侧肌、股内侧肌和股中间肌）、腘绳肌（半腱肌、半膜肌和股二头肌）、臀大肌、腓肠肌、比目鱼肌、胫骨后肌、腓骨肌、胫骨前肌、腰大肌、髂肌、阔筋膜张肌、缝匠肌、长收肌、短收肌、大收肌和耻骨肌。

辅助：腹内斜肌、腹外斜肌和腹横肌。

冰球关注点

蹬地发力的同时尽快地交换双腿，能培养运动员迅速向前滑行的能力。滑冰时，在推进阶段伸展髋部能产生极大的力量作用于冰面，同时双腿需要迅速地移动，从一个跨步向下一个跨步收腿复位。该练习通过培养即刻响应和迅速换腿来加强这种能力。

变式

1-2-3扶墙行进

执行扶墙行进练习，在暂停之前，迅速地交换双腿，完成3次跨步。务必要用力地抬起腿并用力蹬地。

扶墙跑步

使用与扶墙行进相同的方式执行该练习，但是要以跑步的方式迅速交换双腿，始终保持髋部和身体成一条直线。

实心球加速胸前传球

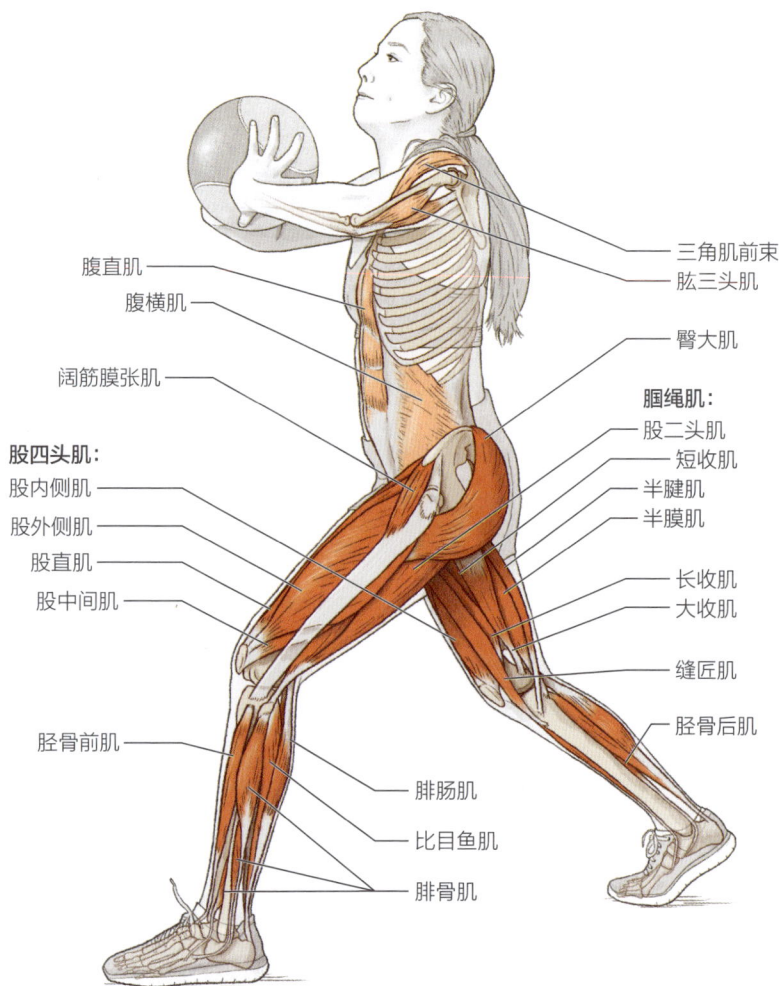

腹直肌

腹横肌

阔筋膜张肌

股四头肌：

股内侧肌

股外侧肌

股直肌

股中间肌

胫骨前肌

三角肌前束

肱三头肌

臀大肌

腘绳肌：

股二头肌

短收肌

半腱肌

半膜肌

长收肌

大收肌

缝匠肌

胫骨后肌

腓肠肌

比目鱼肌

腓骨肌

执行过程

1. 根据具体情况，站在距离墙壁或同伴3~10码（2.7~9.1米）的位置。
2. 摆出滑冰起始姿势或者径直朝前的两点站姿。将一个（弹性不太强的）软质实心球托在胸部高度处。
3. 立即用前腿蹬地，并向墙壁或同伴方向移动。
4. 强有力地跨1~3步，并尽可能用力地朝墙壁或同伴进行胸前传球。
5. 立即接住返回来的球，同时后退至起始位置。每侧重复规定的次数。

涉及的肌肉

主要：股四头肌（股直肌、股外侧肌、股内侧肌和股中间肌）、腘绳肌（半腱肌、半膜肌和股二头肌）、臀大肌、腓肠肌、比目鱼肌、胫骨后肌、腓骨肌、胫骨前肌、腰大肌、髂肌、阔筋膜张肌、缝匠肌、长收肌、短收肌、大收肌和耻骨肌。

辅助：腹直肌、腹横肌、三角肌前束和肱三头肌。

冰球关注点

先抢到球是比赛的首要任务。蹬地或蹬冰后能尽快地在尽可能短的距离内加速将能提高运动员滑行的整体速度。加速和突然停止的能力对于运动员拉开空间很有必要。

变式

180度转体加速胸前传球

背对墙壁或者同伴站立。转体180度，然后移动双脚，沿着与原先朝向相反的方向加速，并将实心球抛向墙壁或同伴。

同伴协同加速胸前传球

站在同伴的后面或者侧面。以起始姿势接住同伴的传球，然后立即执行加速跨步。

实心球加速过顶传球

使用在头顶上方抛实心球的方式，执行实心球加速胸前传球或任何变式。

跌倒式起动

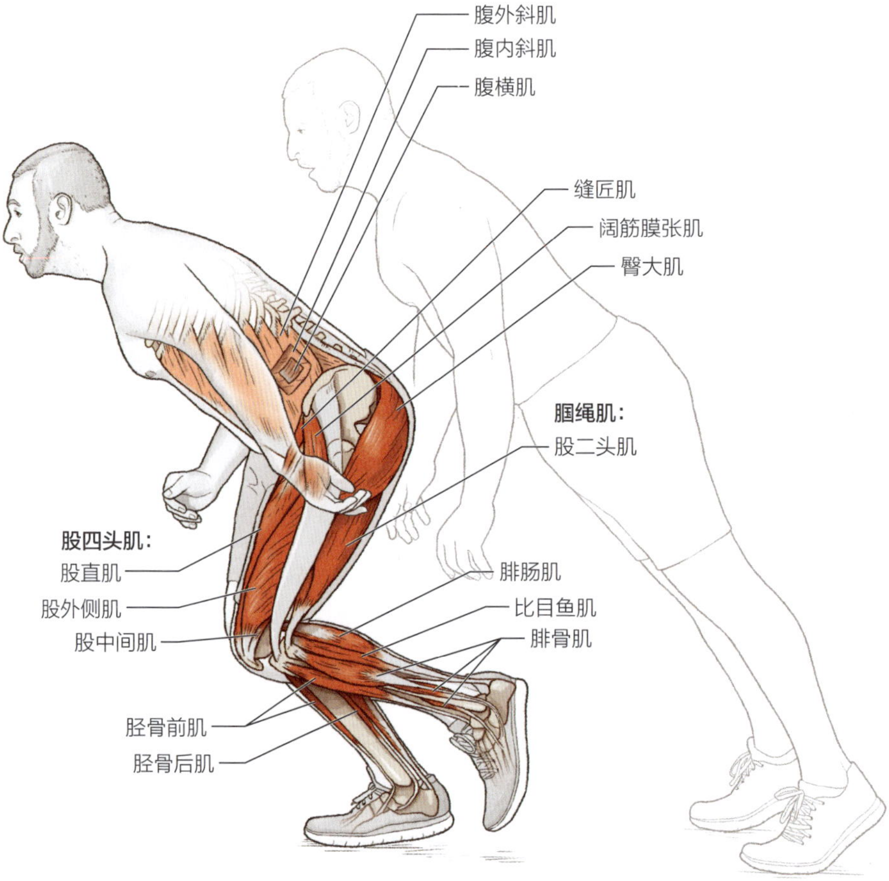

腹外斜肌

腹内斜肌

腹横肌

缝匠肌

阔筋膜张肌

臀大肌

腘绳肌：

股二头肌

股四头肌：

股直肌

股外侧肌

股中间肌

腓肠肌

比目鱼肌

腓骨肌

胫骨前肌

胫骨后肌

执行过程

1. 双脚平行分开，与髋同宽。

2. 听到指令或者做好准备后，尽可能地向前倾斜（跌倒），始终保持肩膀和双腿成一条直线。

3. 在即将失去平衡的时候向前迈出一只脚，脚掌落在体前8~12英寸（20~30厘米）的位置。加速奔跑至全力冲刺状态。

4. 目标是尽可能前倾身体，然后尽可能快地加速奔跑，并且首先采用小步幅的方式，然后随着速度的提高不断加大步幅。

5. 在身体下方移动双脚来迅速占据位置。

6. 开始向前加速奔跑时，不要让一只脚在后面远离身体。

涉及的肌肉

主要：股四头肌（股直肌、股外侧肌、股内侧肌和股中间肌）、腘绳肌（半腱肌、半膜肌和股二头肌）、臀大肌、腓肠肌、比目鱼肌、胫骨后肌、腓骨肌、胫骨前肌、腰大肌、髂肌、阔筋膜张肌、缝匠肌、长收肌、短收肌、大收肌和耻骨肌。

辅助：腹内斜肌、腹外斜肌和腹横肌。

冰球关注点

该加速练习是一项移动双脚并尽快占据位置的反应性训练。移动双脚并沿所选方向推动身体的能力将有助于运动员与冰面分离。运动员必须能够在空中控制身体，并且能够迅速移动。遭到撞击或者失去平衡时运动员能恢复平衡并迅速移动，这一点很重要。

变式

同伴协同跌倒式起动

与同伴相隔手臂的距离面对面站立，同伴的双手搭在你的肩膀上，然后你尽可能地向同伴方向倾斜。同伴毫无征兆地松开你的肩膀。你需立即实现平衡并向前推进至全力冲刺。

跌倒式起动变向

在有或没有同伴的情况下进行跌倒式起动练习。几个跨步之后，将一只脚踩在地上，并且要么沿斜对角冲刺，要么立即停止并后退，要么横向拖步至右边或者左边，要么交叉步向左或向右跑。

丢球

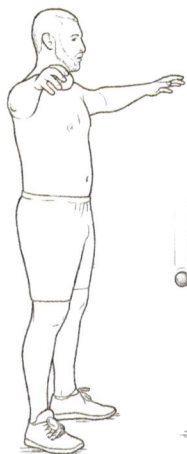

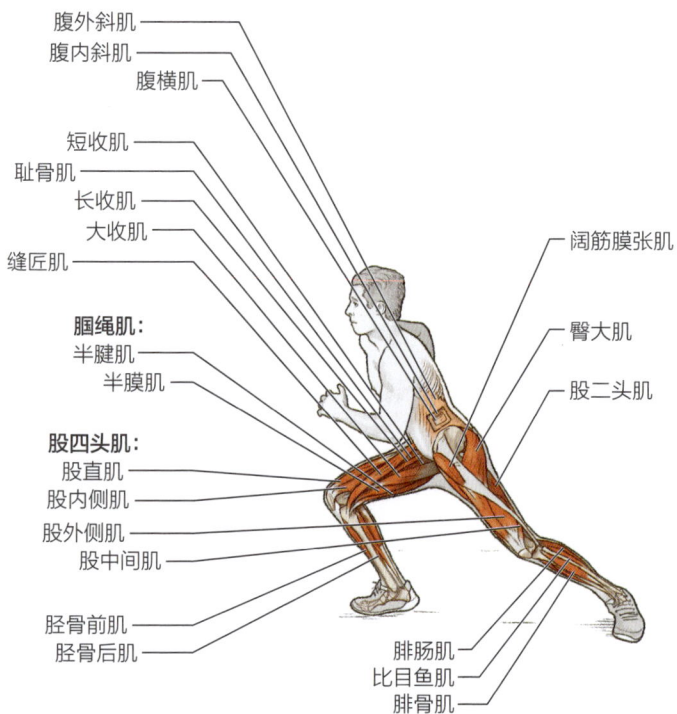

腹外斜肌

腹内斜肌

腹横肌

短收肌

耻骨肌

长收肌

大收肌

缝匠肌

腘绳肌：

半腱肌

半膜肌

股四头肌：

股直肌

股内侧肌

股外侧肌

股中间肌

胫骨前肌

胫骨后肌

阔筋膜张肌

臀大肌

股二头肌

腓肠肌

比目鱼肌

腓骨肌

执行过程

1. 面向5码（约4.7米）之外的同伴摆出滑冰或冲刺姿势。

2. 同伴双臂展开至水平，双手各握一个网球。

3. 同伴毫无预兆地松开其中一个网球。运动员对跌落的球做出反应并立即加速，在球反弹第二次之前接住它。

涉及的肌肉

主要：股四头肌（股直肌、股外侧肌、股内侧肌和股中间肌）、腘绳肌（半腱肌、半膜肌和股二头肌）、臀大肌、腓肠肌、比目鱼肌、胫骨后肌、腓骨肌、胫骨前肌、腰大肌、髂肌、阔筋膜张肌、缝匠肌、长收肌、短收肌、大收肌和耻骨肌。

辅助：腹内斜肌、腹外斜肌和腹横肌。

冰球关注点

因为预判启动信号并对其做出反应在冰球运动中至关重要，所以要培养运动员视觉认知以及根据该认知向某个方向或冰球位置加速的能力，这一点很重要。该技能在争球时或激烈的比赛过程中尤为重要。

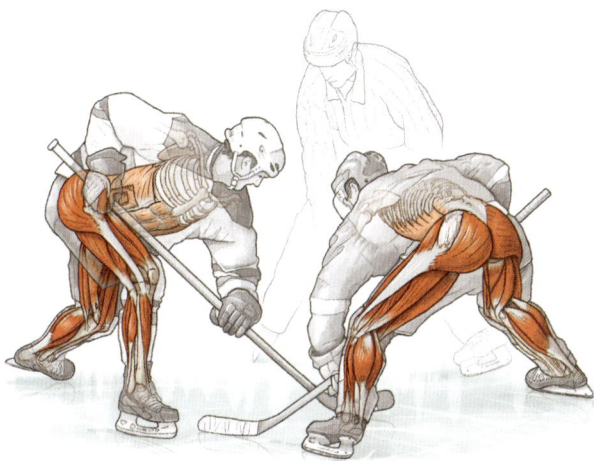

飞奔

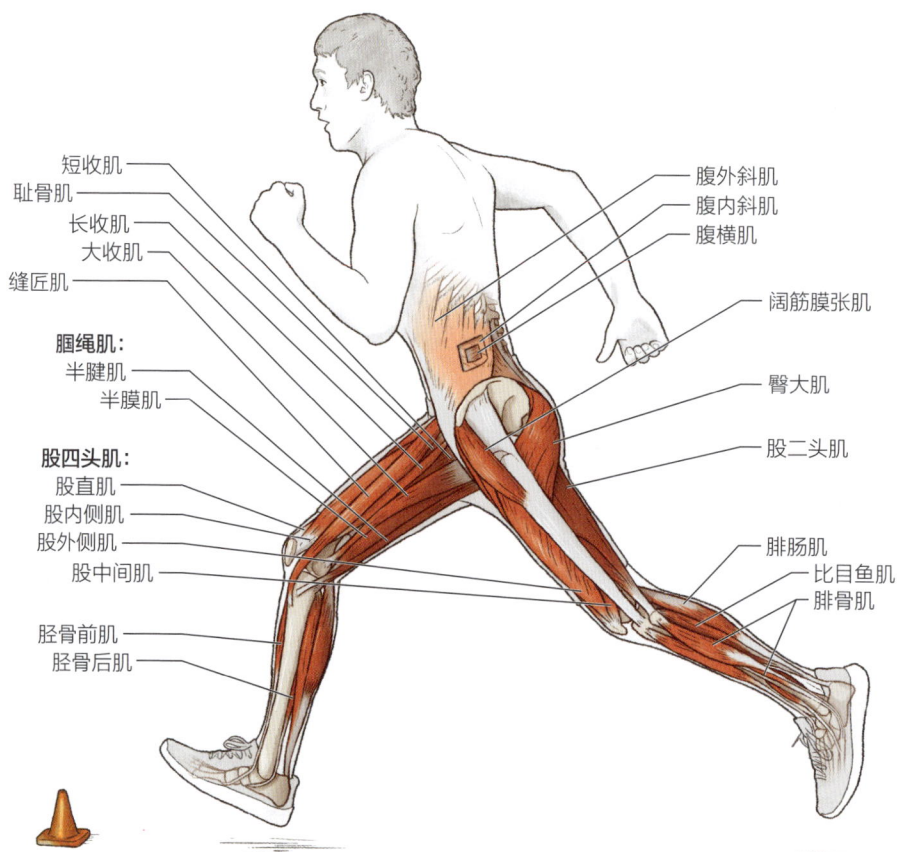

短收肌

耻骨肌

长收肌

大收肌

缝匠肌

腘绳肌：

半腱肌

半膜肌

股四头肌：

股直肌

股内侧肌

股外侧肌

股中间肌

胫骨前肌

胫骨后肌

腹外斜肌

腹内斜肌

腹横肌

阔筋膜张肌

臀大肌

股二头肌

腓肠肌

比目鱼肌

腓骨肌

执行过程

1. 双脚一前一后摆出两点起始姿势。

2. 听到指令或者做好准备后，开始向前慢跑。

3. 逐渐加快速度，直至到达地上的标记处或者收到全速奔跑的语言或视觉指令。

4. 持续以最快速度奔跑，直至到达另一个标记处或者收到减速指示。随着体能和对练习适应度的提高，可以改变提速的距离以及冲刺的距离。

5. 确保具有足够的减速距离。

涉及的肌肉

主要：股四头肌（股直肌、股外侧肌、股内侧肌和股中间肌）、腘绳肌（半腱肌、半膜肌和股二头肌）、臀大肌、腓肠肌、比目鱼肌、胫骨后肌、腓骨肌、胫骨前肌、髂腰肌、阔筋膜张肌、缝匠肌、长收肌、短收肌、大收肌和耻骨肌。

辅助：腹内斜肌、腹外斜肌和腹横肌。

冰球关注点

运动员在比赛中将经历多种节奏变化。能够改变节奏并尽快实现最快速度很重要，提高最快速度也很重要。这类超速训练会增大运动员高于冰面时的步长，从而提高运动员在冰面上滑行的速度。

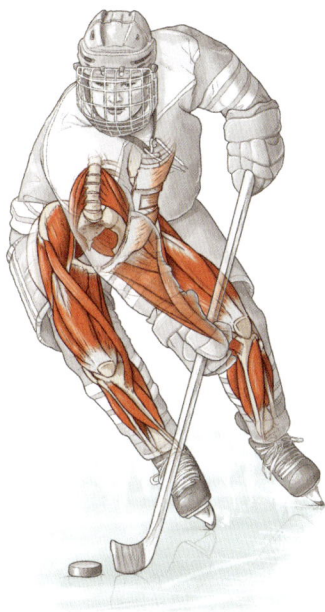

侧向阻力释放

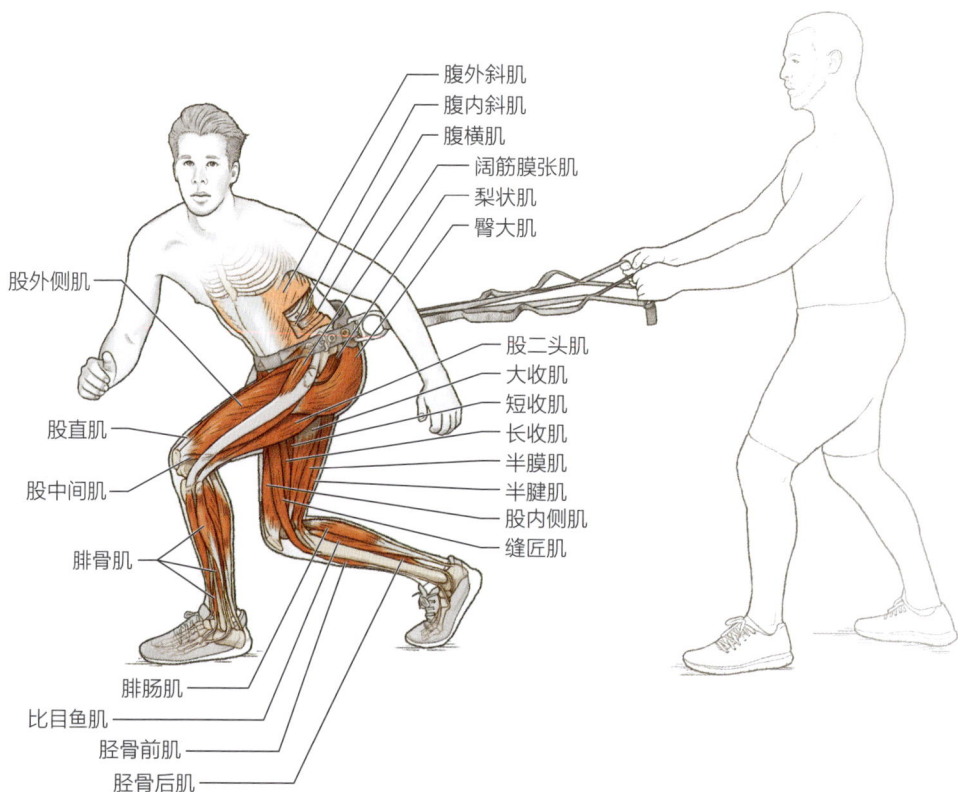

腹外斜肌
腹内斜肌
腹横肌
阔筋膜张肌
梨状肌
臀大肌

股外侧肌

股二头肌
大收肌
短收肌
长收肌
半膜肌
半腱肌
股内侧肌
缝匠肌

股直肌

股中间肌

腓骨肌

腓肠肌

比目鱼肌

胫骨前肌

胫骨后肌

执行过程

1. 将一根阻力带环绕在腰带或者背带上面。同伴站在你身边握住阻力带的两端。

2. 摆出滑冰或者常规的起始姿势。

3. 为了避免猛烈地拉动你，你的同伴在练习开始之前先向阻力带施加拉力。

4. 听到指令，立即顶着阻力滑步或者交叉步至最快速度。

5. 你的同伴在你到达指定的距离处松开阻力带。通过转动髋部径直向前跑，或者持续沿与原来相同的方向以侧滑步或者交叉步的方式，或者转髋180度再继续以滑步或者交叉步的方式，无阻力地在另一段给定的距离加速。

6. 为了避免产生拖拉效应，同伴切不可对阻力带施加过多的拉力。即便是有阻力带的阻力，你仍然应当保持正确的起始姿势。

涉及的肌肉

主要：股四头肌（股直肌、股外侧肌、股内侧肌和股中间肌）、腘绳肌（半腱肌、半膜肌和股二头肌）、臀大肌、腓肠肌、比目鱼肌、胫骨后肌、腓骨肌、胫骨前肌、腰大肌、髂肌、阔筋膜张肌、缝匠肌、长收肌、短收肌、大收肌、耻骨肌和梨状肌。

辅助：腹内斜肌、腹外斜肌和腹横肌。

冰球关注点

当遭到撞击或者受阻，无法在冰面上去想去的地方时，运动员要能够突破阻力，绕开对手并迅速占据冰面，这一点很重要。该动作可以随时沿直线或沿横向出现。该技术对于守门员而言也很重要。在他们越过门区的过程中，他们需要克服动量，立即退回或者到达门区的另一个位置。

变式

线性阻力释放

面向同伴，同伴的双手放在你的肩膀上。练习开始后，身体向前大幅度地倾斜，顶着同伴跑动，向前占据位置。在毫无提醒的情况下，同伴退到一边释放阻力。你要尽可能快地加速并跑过指定的位置。你也可以利用后背上阻力带的阻力来执行该练习。

反向阻力释放

背对同伴和你将要移动的方向。顶着同伴向后跑动。一旦到达标记位置并且阻力释放之后，转体180度继续跑动，或者转体90度并进行自由滑步或者交叉步。自由滑步和交叉步之后可以进行转体和冲刺或者停止和后退。

接地起动

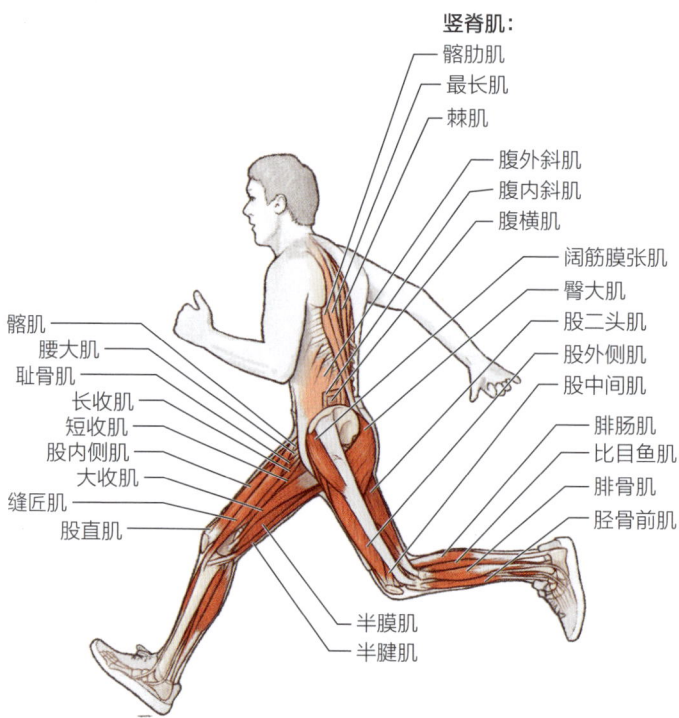

竖脊肌：
- 髂肋肌
- 最长肌
- 棘肌

腹外斜肌
腹内斜肌
腹横肌
阔筋膜张肌
臀大肌
股二头肌
股外侧肌
股中间肌
腓肠肌
比目鱼肌
腓骨肌
胫骨前肌

髂肌
腰大肌
耻骨肌
长收肌
短收肌
股内侧肌
大收肌
缝匠肌
股直肌

半膜肌
半腱肌

执行过程

1. 趴/躺在地上。姿势可以如下变动：开始时尽量腹部触地，头部位于起跑线；腹部触地，双脚位于起跑线；腹部触地，平行于起跑线趴下静止；背部触地，头部位于起跑线；背部触地，双脚位于起跑线；背部触地，平行于起跑线躺下静止。
2. 听到指令，起身并沿着为练习所设计的方向冲刺。起身的方式可以有变化：直接从伏地姿势起身并沿指定的方向冲刺，或者从背部触地姿势翻身，起身并冲刺。

涉及的肌肉

主要：股四头肌（股直肌、股外侧肌、股内侧肌和股中间肌）、腘绳肌（半腱肌、半膜肌和股二头肌）、臀大肌、腓肠肌、比目鱼肌、胫骨后肌、腓骨肌、胫骨前肌、腰大肌、髂肌、阔筋膜张肌、缝匠肌、长收肌、短收肌、大收肌和耻骨肌。

辅助：腹内斜肌、腹外斜肌、腹横肌和竖脊肌（髂肋肌、最长肌和棘肌）。

冰球关注点

在比赛过程中，运动员会经常被撞倒或者摔倒。因此，有必要培养从任何姿势站起来并尽快达到最快速度的能力，这样有助于运动员快速参与比赛或者重新返回到比赛中。

变式

高速接地起动

执行接地起动练习，不过要冲刺指定的距离，然后立即俯身至相同的起始姿势，接着起身，冲刺回到起跑线。你也可以改变起始姿势。教练或者同伴可以在你跑动时，或者在开始重复之前，给出新的姿势指令。

速度

87

第 5 章

敏捷性

　　敏捷性是身体以协调、快速和平衡的方式迅速改变姿势的能力。在冰球运动中，更好的敏捷性可以让你更加快速、有效地对比赛的紧张节奏做出响应。如果你可以用最有效的方式改变姿势，那么当冰球改变方向或者应对对手时，你将会占据优势。

　　当速度、平衡性、协调性和力量都最优化并且结合使用时，敏捷性才会提高。敏捷性涉及对下一个动作的预判以及快速、有效地在空间中摆出最合适的姿势完成该动作的能力。几乎在冰球运动的每个方面，控制重心对于敏捷性而言都至关重要。你的所有肌群，无论大小，都对培养敏捷性至关重要。

专项敏捷性

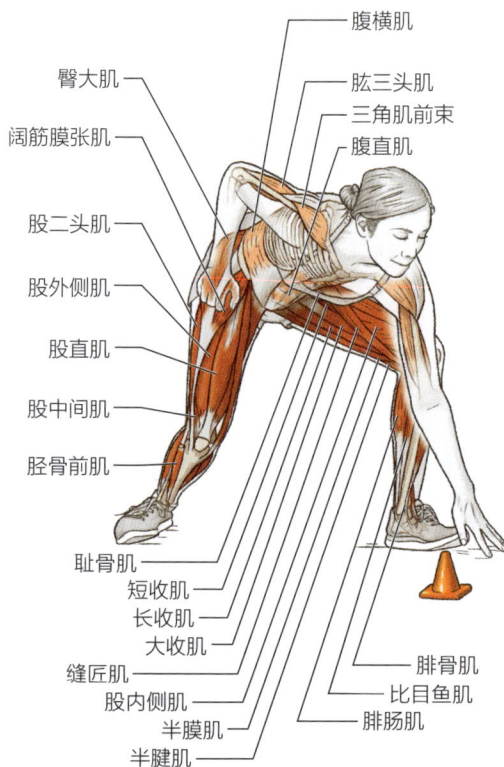

- 腹横肌
- 臀大肌
- 肱三头肌
- 阔筋膜张肌
- 三角肌前束
- 腹直肌
- 股二头肌
- 股外侧肌
- 股直肌
- 股中间肌
- 胫骨前肌
- 耻骨肌
- 短收肌
- 长收肌
- 大收肌
- 缝匠肌
- 股内侧肌
- 半膜肌
- 半腱肌
- 腓骨肌
- 比目鱼肌
- 腓肠肌

执行过程

1. 两条线相距10码（约9米），跨立在这两条线的中点线上，并且一只手接触地面。

2. 冲刺至5码（约4.7米）之外的右侧线。

3. 用右手触线。

4. 立即改变方向，冲刺经过起始位置至10码（约9米）之外的左侧线。

5. 用左手触线。

6. 冲刺回起始位置。

7. 重复，改变开始冲刺的方向。

涉及的肌肉

主要：股四头肌（股直肌、股外侧肌、股内侧肌和股中间肌）、腘绳肌（半腱肌、半膜肌和股二头肌）、臀大肌、腓肠肌、比目鱼肌、胫骨后肌、腓骨肌、胫骨前肌、髂腰肌、阔筋膜张肌、缝匠肌、长收肌、短收肌、大收肌和耻骨肌。

辅助：腹直肌、腹横肌、三角肌前束和肱三头肌。

冰球关注点

在狭小空间内停止、变向并迅速重新加速的能力将有助于运动员在冰球运动中控制防守。该练习专注于线性变向，其着重强调处于低位并且突然启动或停止。它有助于运动员在冰球运动中掌握保持平衡并且以爆发的方式转移身体重心的方法，这将提高速度并强化加速和减速的能力。

敏捷性

对角四锥筒

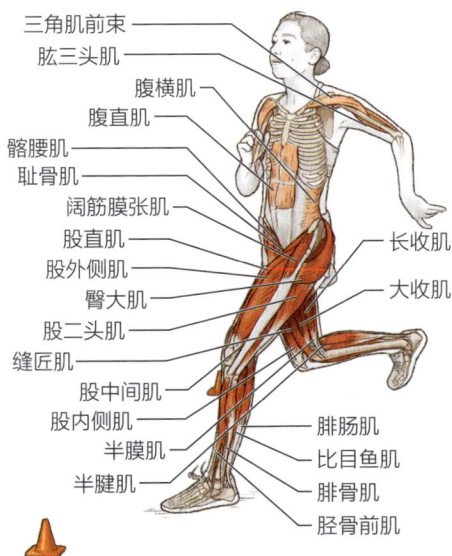

三角肌前束
肱三头肌
腹横肌
腹直肌
髂腰肌
耻骨肌
阔筋膜张肌
股直肌
股外侧肌
臀大肌
股二头肌
缝匠肌
股中间肌
股内侧肌
半膜肌
半腱肌

长收肌
大收肌
腓肠肌
比目鱼肌
腓骨肌
胫骨前肌

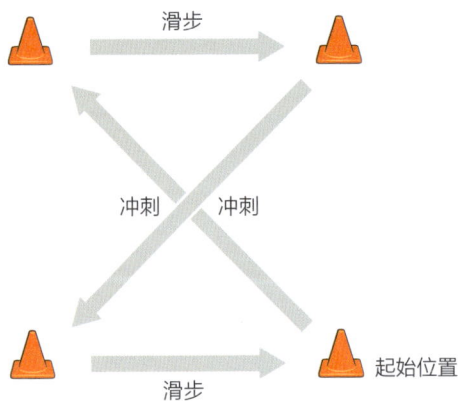

滑步

冲刺　冲刺

滑步

起始位置

执行过程

1. 放置4个锥筒，组成边长为10码（约9米）的正方形（执行更快的变向练习，正方形可以更小一些）。

2. 从一个锥筒处开始，沿斜线冲刺至对角处的锥筒。

3. 滑步经过正方形的上边线。

4. 转向正方形内部，沿斜线冲刺至对角处的锥筒。

5. 滑步至起始位置。

6. 重复，但是这次先在正方形上边线转离正方形，再沿斜线冲刺至起始锥筒左侧锥筒。

涉及的肌肉

主要：股四头肌（股直肌、股外侧肌、股内侧肌和股中间肌）、腘绳肌（半腱肌、半膜肌和股二头肌）、臀大肌、腓肠肌、比目鱼肌、胫骨后肌、腓骨肌、胫骨前肌、髂腰肌、阔筋膜张肌、缝匠肌、长收肌、短收肌、大收肌和耻骨肌。

辅助：腹直肌、腹横肌、三角肌前束和肱三头肌。

冰球关注点

这是一个小空间、多方向的练习，也是一个步法练习。移动双脚并且在冰面上迅速旋转来加速或者变向的能力至关重要。该练习还强调横向运动，它培养低重心结合髋部运动来从转动中产生速度。这对于守门员来说是一个很棒的练习，守门员需要移动到门区的角落，并且需要横向移动来改变自己的角度，这样他们才可以看清冰球，然后拦住冰球。该练习对于培养守门员的柱间横向蹬离能力也很重要。

变式

斜对角交叉步

采用交叉步代替滑步或者采用两种类型步法的组合来执行该练习。

W形练习

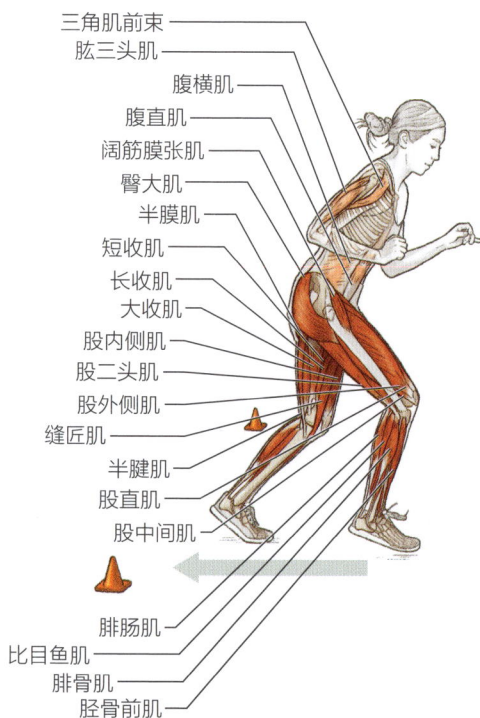

三角肌前束
肱三头肌
腹横肌
腹直肌
阔筋膜张肌
臀大肌
半膜肌
短收肌
长收肌
大收肌
股内侧肌
股二头肌
股外侧肌
缝匠肌
半腱肌
股直肌
股中间肌

腓肠肌
比目鱼肌
腓骨肌
胫骨前肌

冲刺　　冲刺

后退　　后退

执行过程

1. 按照斜对角的方式放置10个锥筒，锥筒彼此间隔3码（约2.7米）。

2. 从第一个锥筒开始，沿斜对角线冲刺至下一个锥筒。

3. 一旦到达那个锥筒，立即沿斜对角线后退至下一个锥筒。你可以做一个急变向或者绕过顶部或者底部的锥筒进行变向。

4. 持续以这种方式经过所有的锥筒。

5. 立即重复，返回至起始位置。

涉及的肌肉

主要：股四头肌（股直肌、股外侧肌、股内侧肌和股中间肌）、腘绳肌（半腱肌、半膜肌和股二头肌）、臀大肌、腓肠肌、比目鱼肌、胫骨后肌、腓骨肌、胫骨前肌、髂腰肌、阔筋膜张肌、缝匠肌、长收肌、短收肌、大收肌和耻骨肌。

辅助：腹直肌、腹横肌、三角肌前束和肱三头肌。

冰球关注点

该练习有助于锻炼运动员在双脚快靠近或远离锥筒的同时，保持较低的重心。由于冰面上所有的运动并非都是向前的，所以有必要变向，向后移动。尽管该后退模式并未与冰面上滑行时的情况完全一致，但二者向前和向后迅速加速和减速的情况是相同的。

斜道奔跑

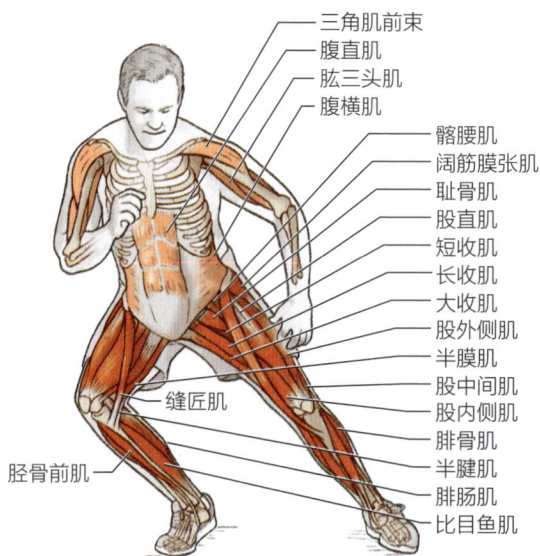

三角肌前束
腹直肌
肱三头肌
腹横肌

髂腰肌
阔筋膜张肌
耻骨肌
股直肌
短收肌
长收肌
大收肌
股外侧肌
半膜肌
股中间肌
股内侧肌
腓骨肌
半腱肌
腓肠肌
比目鱼肌

缝匠肌

胫骨前肌

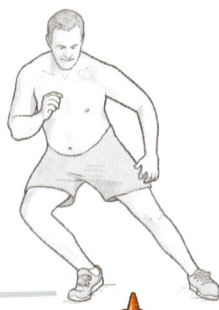

执行过程

1. 按照斜对角的方式放置10个锥筒，锥筒相互间隔3码（约2.7米）。

2. 从第一个锥筒开始，沿斜对角线冲刺至下一个锥筒，用外侧的脚蹬地，变向重新加速至下一个锥筒。

3. 你可以绕过锥筒的外侧，也可以从锥筒内侧经过。

4. 持续按照这种方式执行。

涉及的肌肉

主要：股四头肌（股直肌、股外侧肌、股内侧肌和股中间肌）、腘绳肌（半腱肌、半膜肌和股二头肌）、臀大肌、腓肠肌、比目鱼肌、胫骨后肌、腓骨肌、胫骨前肌、髂腰肌、阔筋膜张肌、缝匠肌、长收肌、短收肌、大收肌和耻骨肌。

辅助：腹直肌、腹横肌、三角肌前束和肱三头肌。

冰球关注点

该练习能锻炼运动员双脚尽可能迅速地移动。此外，当运动员需要在狭小空间内迅速改变方向时，该练习还能培养运动员朝两个方向迅速蹬离的能力。进攻运动员想要迅速改变速度和方向来躲避对方防守队员或守门员想要快速移动到门区的某个位置时，这种在冰面上横向蹬地的能力很重要。

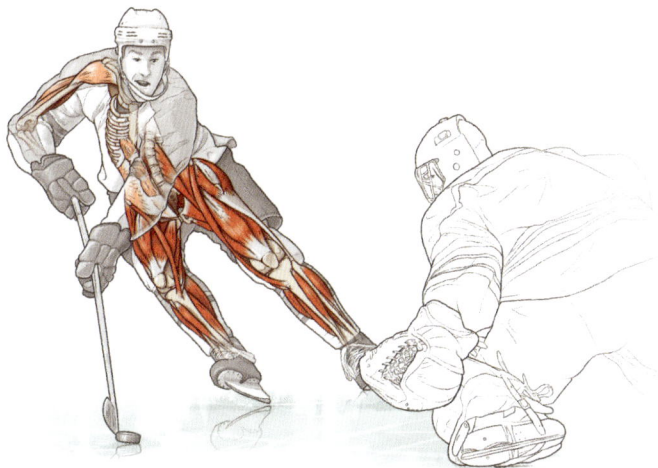

短跑敏捷性

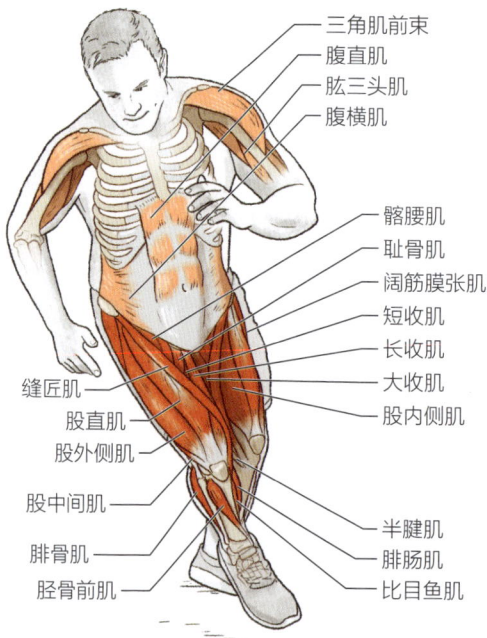

三角肌前束
腹直肌
肱三头肌
腹横肌

髂腰肌
耻骨肌
阔筋膜张肌
短收肌
长收肌
大收肌
股内侧肌

缝匠肌
股直肌
股外侧肌

股中间肌
腓骨肌
胫骨前肌

半腱肌
腓肠肌
比目鱼肌

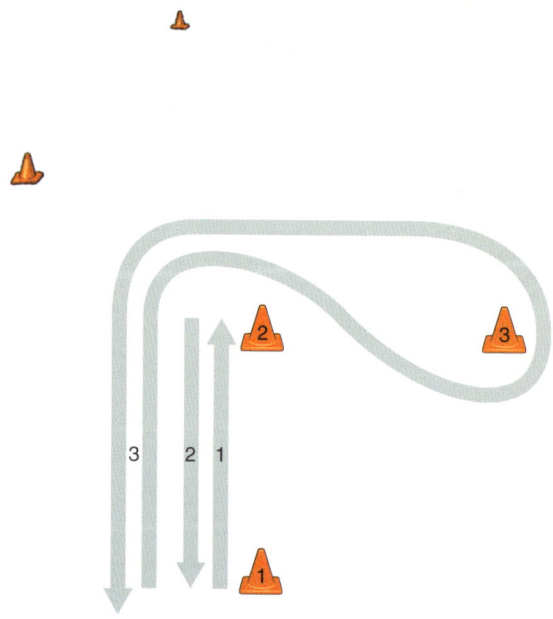

3　2　1

3

2

1

执行过程

1. 按照倒L形间隔5码（约4.6米）放置3个锥筒。

2. 从L的下方一端开始，径直朝前冲刺至锥筒2并触线。

3. 冲刺回到起始锥筒并触线。

4. 向前冲刺，绕过锥筒2并从外侧绕过锥筒3。

5. 持续绕过锥筒2外侧冲刺，并一直冲刺到起始线。

6. 将锥筒1移到锥筒3下方，并重复该练习。

涉及的肌肉

主要：股四头肌（股直肌、股外侧肌、股内侧肌和股中间肌）、腘绳肌（半腱肌、半膜肌和股二头肌）、臀大肌、腓肠肌、比目鱼肌、胫骨后肌、腓骨肌、胫骨前肌、髂腰肌、阔筋膜张肌、缝匠肌、长收肌、短收肌、大收肌和耻骨肌。

辅助：腹直肌、腹横肌、三角肌前束和肱三头肌。

冰球关注点

该练习锻炼运动员多重变向、快速奔跑以及降低重心变向和重新加速的能力。在练习整个过程中都要强调变向结束后的重新加速，这一点很重要。当运动员转至本方守区内进行阻截或者闪避对方运动员时，该练习带来的好处在冰场上始终都能看到。这种积极预判，同时对对方做出响应来改变方向并重新加速的能力在比赛中至关重要。

数字8练习

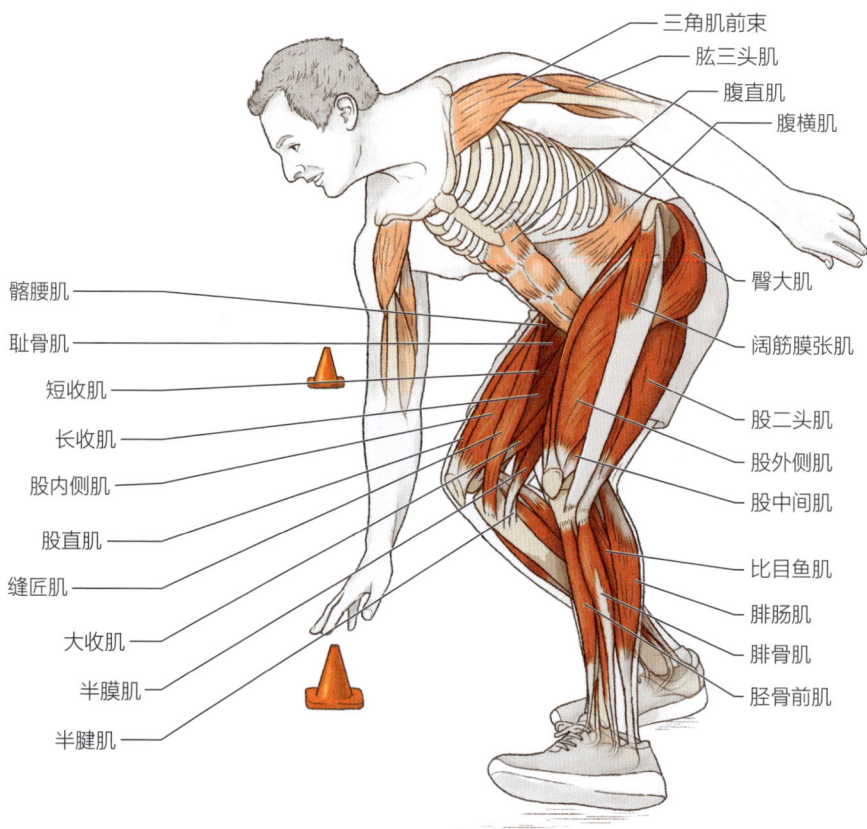

三角肌前束
肱三头肌
腹直肌
腹横肌
臀大肌
阔筋膜张肌
股二头肌
股外侧肌
股中间肌
比目鱼肌
腓肠肌
腓骨肌
胫骨前肌

髂腰肌
耻骨肌
短收肌
长收肌
股内侧肌
股直肌
缝匠肌
大收肌
半膜肌
半腱肌

起始位置

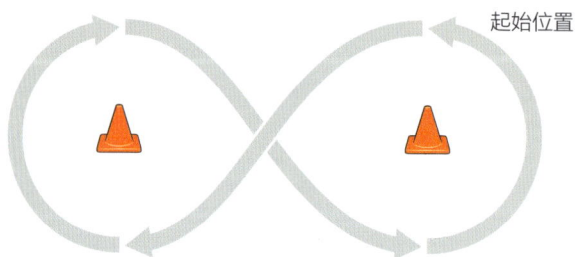

执行过程

1. 间隔10码（约9米）放置两个锥筒。
2. 按照数字8的模式绕着锥筒跑动。
3. 转弯时降低身体触摸锥筒。
4. 重复规定的次数。

涉及的肌肉

主要：股四头肌（股直肌、股外侧肌、股内侧肌和股中间肌）、腘绳肌（半腱肌、半膜肌和股二头肌）、臀大肌、腓肠肌、比目鱼肌、胫骨后肌、腓骨肌、胫骨前肌、髂腰肌、阔筋膜张肌、缝匠肌、长收肌、短收肌、大收肌和耻骨肌。

辅助：腹直肌、腹横肌、三角肌前束和肱三头肌。

冰球关注点

由于运动员必须频繁地变向来躲避对方运动员并且占据对比赛有利的位置，所以变向时降低身体对于滑冰效率来说很重要。获胜需要控制身体重心并且同时能保持高速滑行的能力。该练习强调快速的变速和变向，同时要保持较低的身体重心并保持和增加变向之后的速度。

变式

滑步或者后退数字8

该练习可以采用后退或者滑步的步法来执行。

敏捷性

101

T形测试

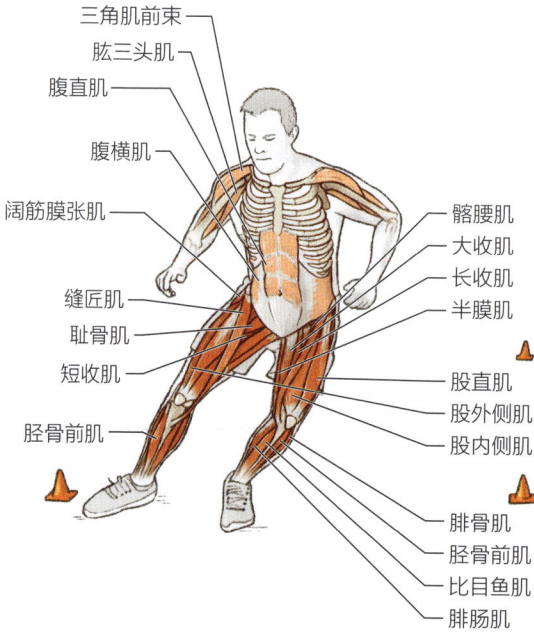

三角肌前束
肱三头肌
腹直肌
腹横肌
阔筋膜张肌
缝匠肌
耻骨肌
短收肌
胫骨前肌

髂腰肌
大收肌
长收肌
半膜肌
股直肌
股外侧肌
股内侧肌
腓骨肌
胫骨前肌
比目鱼肌
腓肠肌

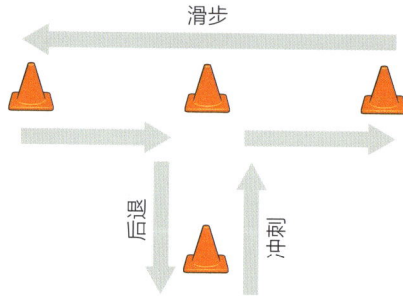

滑步

后退

冲刺

执行过程

1. 按照T字形放置4个锥筒。3个间隔5码（约4.6米）的锥筒构成T字形的顶部。与中间的锥筒间隔5码（约4.6米）处放置第4个锥筒组成T字形的底部。

2. 从T字形的底部开始，跑到中间的锥筒处。

3. 向右滑步至右侧锥筒。

4. 一直滑步至T字形顶部最左边的锥筒。

5. 滑步回到中间的锥筒处。

6. 后退跑到起始锥筒处。

涉及的肌肉

主要：股四头肌（股直肌、股外侧肌、股内侧肌和股中间肌）、腘绳肌（半腱肌、半膜肌和股二头肌）、臀大肌、腓肠肌、比目鱼肌、胫骨后肌、腓骨肌、胫骨前肌、髂腰肌、阔筋膜张肌、缝匠肌、长收肌、短收肌、大收肌和耻骨肌。

辅助：腹直肌、腹横肌、三角肌前束和肱三头肌。

冰球关注点

在冰球比赛上运动员快速做出响应需要在视觉上预判要发生的事情，然后针对该事情迅速、合理地采取行动。该练习着重强调向前、横向和向后的速度，并要求运动员预判在每个锥筒处应如何急剧变向和变速。

伊利诺斯敏捷性

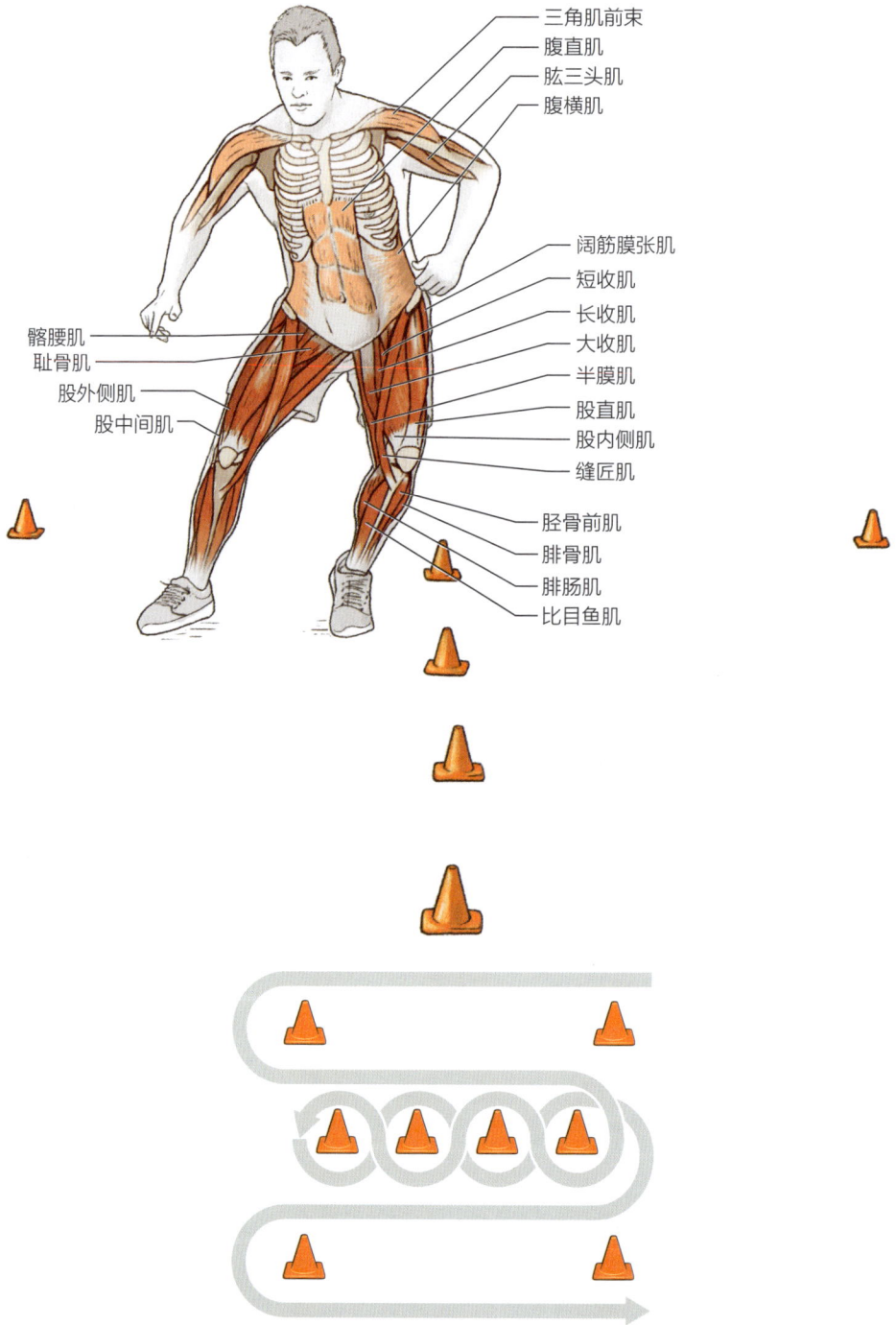

敏捷性

三角肌前束
腹直肌
肱三头肌
腹横肌

阔筋膜张肌
短收肌
长收肌
大收肌
半膜肌
股直肌
股内侧肌
缝匠肌

胫骨前肌
腓骨肌
腓肠肌
比目鱼肌

髂腰肌
耻骨肌
股外侧肌
股中间肌

执行过程

1. 按照图示的模式放置8个锥筒。顶部的锥筒彼此间隔10码（约9米）。底部的锥筒彼此间隔10码（约9米），与顶部的锥筒也间隔10码（约9米）。中间的锥筒彼此间隔2码（约1.8米），大约放置在顶部和底部锥筒的中间。

2. 从顶部锥筒之一处开始，冲刺10码（约9米）至顶部的另一个锥筒。

3. 跑着绕过锥筒后跑到远端的中间锥筒处。沿着图中的路线跑着绕过每个中间的锥筒并返回。

4. 绕着跑完中间的锥筒之后，跑到远端的底部锥筒处，并跑到另一个远端的底部锥筒处结束练习。

涉及的肌肉

主要：股四头肌（股直肌、股外侧肌、股内侧肌和股中间肌）、腘绳肌（半腱肌、半膜肌和股二头肌）、臀大肌、腓肠肌、比目鱼肌、胫骨后肌、腓骨肌、胫骨前肌、髂腰肌、阔筋膜张肌、缝匠肌、长收肌、短收肌、大收肌和耻骨肌。

辅助：腹直肌、腹横肌、三角肌前束和肱三头肌。

冰球关注点

在双脚迅速移入和移出狭窄的空间的同时移动和旋转髋部的能力对于冰球运动员很重要。通过控制下半身来让双脚和髋部移动的能力对于控球很重要。该练习将会改善运动员这些能力，同时有助于运动员提高速度和稳定下半身，以实现急转弯并且最大化地利用冰刀。

交叉后跨步加速

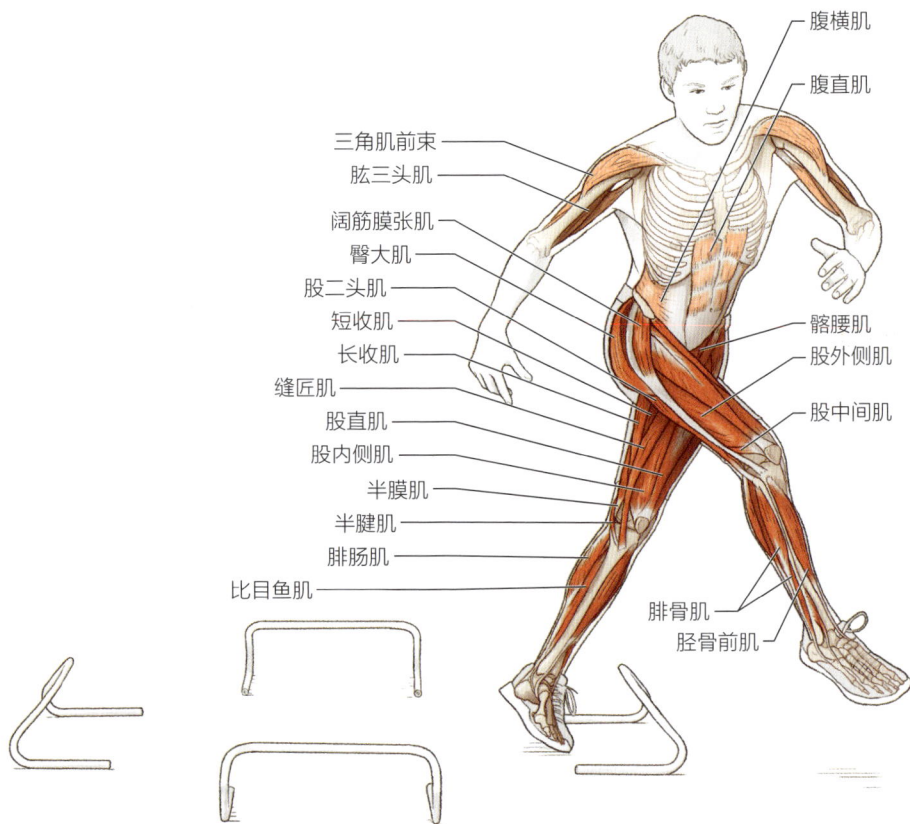

腹横肌

腹直肌

三角肌前束

肱三头肌

阔筋膜张肌

臀大肌

股二头肌

短收肌

长收肌

缝匠肌

股直肌

股内侧肌

半膜肌

半腱肌

腓肠肌

比目鱼肌

髂腰肌

股外侧肌

股中间肌

腓骨肌

胫骨前肌

执行过程

1. 按照方框模式放置小栏架。栏架彼此间隔4英尺（约1.2米）。

2. 从方框的一侧开始，外侧脚（左脚）交叉跨入方框。

3. 将另一只脚（右脚）跨入方框。

4. 左脚跨出方框。

5. 右脚跨出方框，站稳，然后右脚交叉跨入方框。

6. 左脚跨入方框。

7. 右脚向后跨到方框的后方。

8. 左脚向后跨出到方框的后方，站稳，然后加速向前跑过方框并出去。

9. 重复，并用另一只脚先跨。

涉及的肌肉

主要：股四头肌（股直肌、股外侧肌、股内侧肌和股中间肌）、腘绳肌（半腱肌、半膜肌和股二头肌）、臀大肌、腓肠肌、比目鱼肌、胫骨后肌、腓骨肌、胫骨前肌、髂腰肌、阔筋膜张肌、缝匠肌、长收肌、短收肌、大收肌和耻骨肌。

辅助：腹直肌、腹横肌、三角肌前束和肱三头肌。

冰球关注点

每次交叉步产生的速度与爆发力对于横向移动、变向和前后加速都很重要。这些动作可以让运动员避开防守运动员或者改变防守姿势。在用脚蹬地的同时将重心移到双脚下方来变向，可以产生横向推动身体的力量。

栏架跳越绕圈

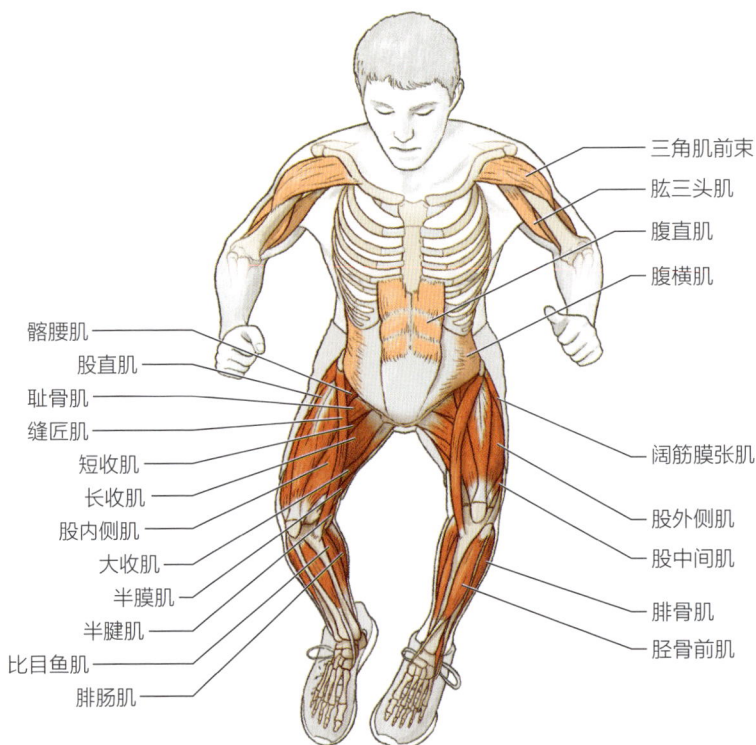

三角肌前束
肱三头肌
腹直肌
腹横肌

髂腰肌
股直肌
耻骨肌
缝匠肌
短收肌
长收肌
股内侧肌
大收肌
半膜肌
半腱肌
比目鱼肌
腓肠肌

阔筋膜张肌

股外侧肌
股中间肌

腓骨肌
胫骨前肌

执行过程

1. 站在一个高6~12英寸（15~30厘米）的栏架一侧，并用双脚横向跳过它。
2. 完成跳跃之后，绕着栏架跑动。始终都面向同一个方向。保持较低的重心，直至到达栏架的对侧为止。
3. 再执行一次跳跃，回到起始位置。
4. 每组都将该模式重复规定的次数。

涉及的肌肉

主要：股四头肌（股直肌、股外侧肌、股内侧肌和股中间肌）、腘绳肌（半腱肌、半膜肌和股二头肌）、臀大肌、腓肠肌、比目鱼肌、胫骨后肌、腓骨肌、胫骨前肌、髂腰肌、阔筋膜张肌、缝匠肌、长收肌、短收肌、大收肌和耻骨肌。

辅助：腹直肌、腹横肌、三角肌前束和肱三头肌。

冰球关注点

在地面附近执行的增强式训练对于培养在某个运动之前的快速离地响应来讲很有必要。这对于提升单腿爆发力和敏捷性以及控制身体姿态都很有必要。在比赛期间，滑行或者变向时，双脚并非总是牢牢地踩在冰面上。跃过界墙、躲避、跳跃、绕圈和回转时，双脚触冰之后的快速响应至关重要。这些动作需要使用该能力执行狭小空间内的变向。

变式

双栏架跳跃

间隔3英尺（约1米）放置两个栏架。横向跳过一个栏架，然后再跳过另一个栏架。完成跳跃之后，绕着两个栏架跑动。

单腿横向跳跃

用一条腿跳过栏架，然后再跑动。

8字形跳跃

间隔3英尺（约1米）放置两个栏架。从一个栏架的一侧开始，跳到两个栏架中间。从第二个栏架的顶部跑过，到达该栏架距离第一个栏架最远的侧面。跳过第二个栏架，再次进入两个栏架的中间。从第一个栏架的后部跑过，到达它的外侧面。重复规定的次数。

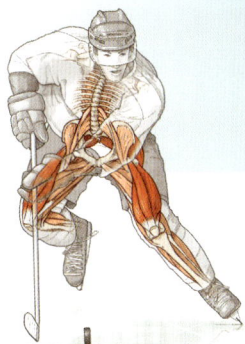

第6章

灵活性

    在冰球运动中拥有更强灵活性的运动员可以实现更出色的表现，并且有助于避免受伤。专门针对冰球运动的灵活性示例有很多，但是其中最容易理解的一个是大力抽射动作。在抽射之前的挥臂期间，打开身体需要整个背部、肩部和髋部的灵活性。拥有更强灵活性并且肩部和髋部可以打得更开的运动员在抽射时将具有更长的加速弧线。在撞击时，更强的灵活性有助于运动员实现更快的挥杆速度，从而更快地击打冰球。守门员的灵活性对于高水平的表现来说也是必需的。

    防止受伤是灵活性的另一个益处。接触和撞击过程中所产生的冲击力是比赛亘古不变的一部分。每个关节的运动轨迹结束时，关节的组织会吸收所有的能量，这会导致这些组织出现损伤。改善灵活性就会改善运动员的发挥效果，并且有助于运动员避免伤病。

小球足部按摩

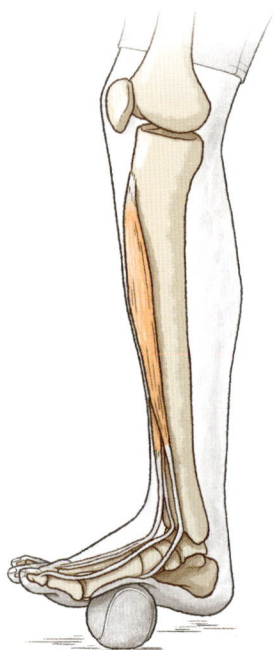
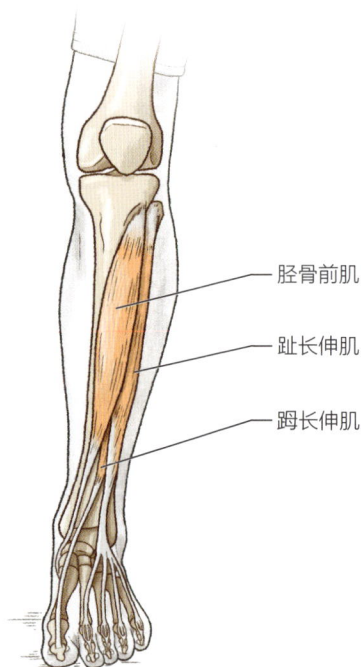

胫骨前肌

趾长伸肌

𧿹长伸肌

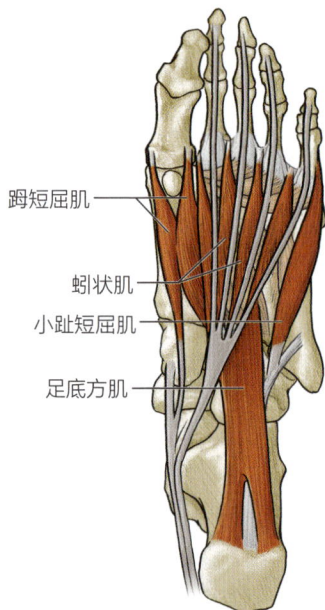

𧿹短屈肌

蚓状肌

小趾短屈肌

足底方肌

中间剖面

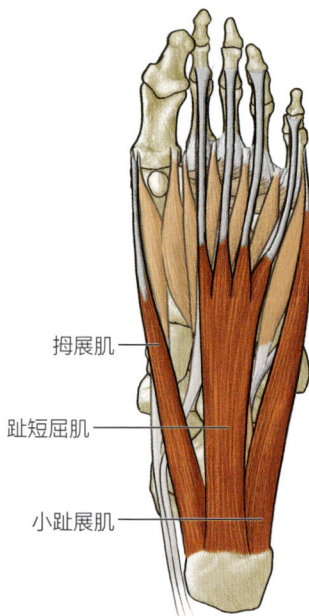

拇展肌

趾短屈肌

小趾展肌

表层剖面

112

执行过程

1. 你可以站着或者坐着完成该练习。

2. 将曲棍球或者高尔夫球放在一只脚下面。

3. 用脚绕圈滚动小球。专注于脚底的敏感部位。

4. 持续滚动规定的时间，然后换脚练习。

涉及的肌肉

主要：趾短屈肌、蹑短屈肌、拇展肌和小趾展肌。

辅助：胫骨前肌、趾长伸肌和蹑长伸肌。

冰球关注点

比赛期间脚在滑冰鞋里面，从而导致脚部肌肉运动受限。该练习可以恢复肌肉正常的组织弹性、改善组织的血流状况，并让脚部和脚踝的肌肉和肌腱为运动做好准备。每天在穿滑冰鞋之前执行该练习将会改善血液循环和肌肉的活动范围。

墙壁脚踝弯曲

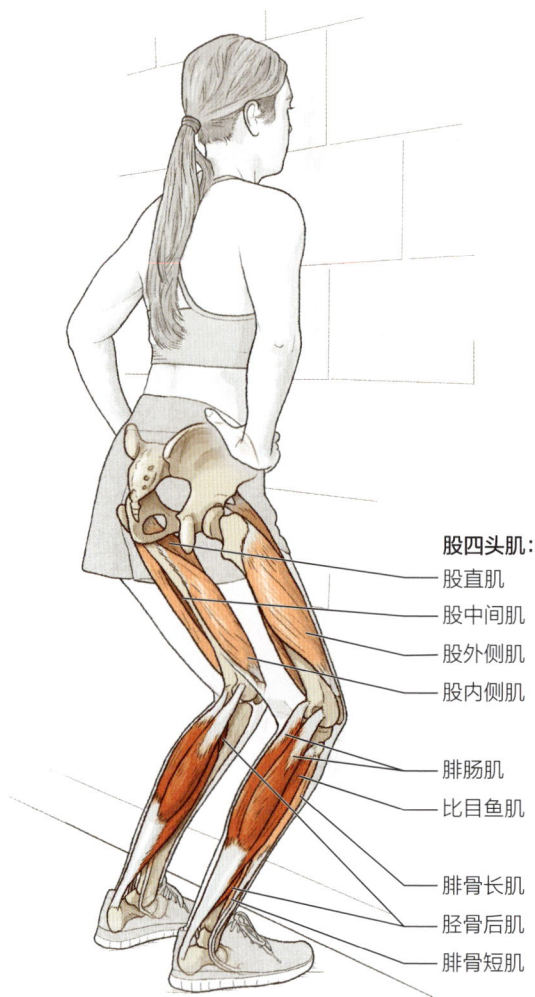

股四头肌：

股直肌

股中间肌

股外侧肌

股内侧肌

腓肠肌

比目鱼肌

腓骨长肌

胫骨后肌

腓骨短肌

执行过程

1. 面向墙壁站定。双腿分开与肩同宽，脚趾距离墙壁几厘米。

2. 脚跟放平并且弯曲膝关节，直到膝关节接触墙壁为止，保持2秒。

3. 回到起始姿势。

4. 执行规定的重复次数。

涉及的肌肉

主要：腓肠肌、比目鱼肌和胫骨后肌。

辅助：腓骨长肌、腓骨短肌和股四头肌（股直肌、股外侧肌、股内侧肌和股中间肌）。

冰球关注点

脚踝的活动范围有助于整个跨步期间滑冰鞋与整只脚更好地接触，这会改善滑冰效率。此外，穿着滑冰鞋的同时实现踝关节的高度屈曲，可以让你更深地扎在冰里，并实现更短的转弯半径。

站姿胸椎旋转

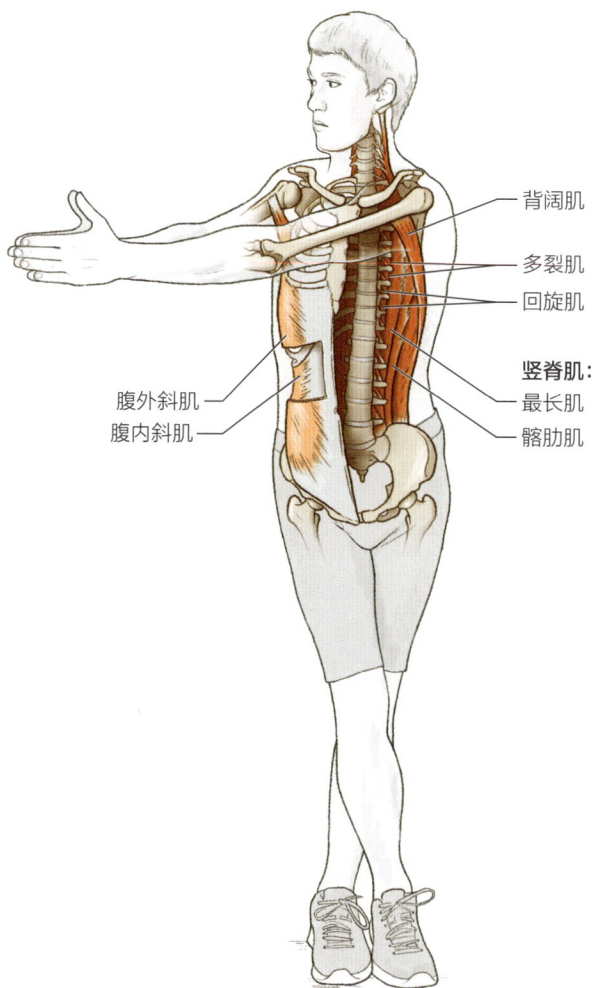

背阔肌

多裂肌

回旋肌

竖脊肌：

最长肌

髂肋肌

腹外斜肌

腹内斜肌

执行过程

1. 挺身站定。一只脚越过另一只脚与其交叉，两只脚并拢，脚趾对齐并且双腿伸直。

2. 双掌并拢，将双臂在体前举到肩膀高度处。

3. 双臂挺直，朝着交叉腿的一侧转动躯干。例如，如果右脚越过了左脚，那么向右转动躯干。

4. 返回至起始位置。

5. 重复规定的次数，然后交换至另一侧。

涉及的肌肉

主要：背阔肌、多裂肌、回旋肌和竖脊肌（髂肋肌、最长肌和棘肌）。

辅助：腹外斜肌和腹内斜肌。

冰球关注点

在射门以及交叉步滑行和倒滑时，运动员脊柱的旋转灵活性极其关键。当冰球进入防守区或者在球门后方时，或者当守门员必须向后伸手在球网另一侧救球时，都依赖于运动员脊柱的旋转灵活性。

变式

四点支撑胸椎旋转

双手和双膝摆成四点支撑姿势。将一只手高举到背部后面，或者将其放在头部后面。旋转躯干向举手的一侧打开身体，再向仍放在地上的手肘方向旋转躯干。执行规定的重复次数，然后两手交换高举。

腿部绕大圈

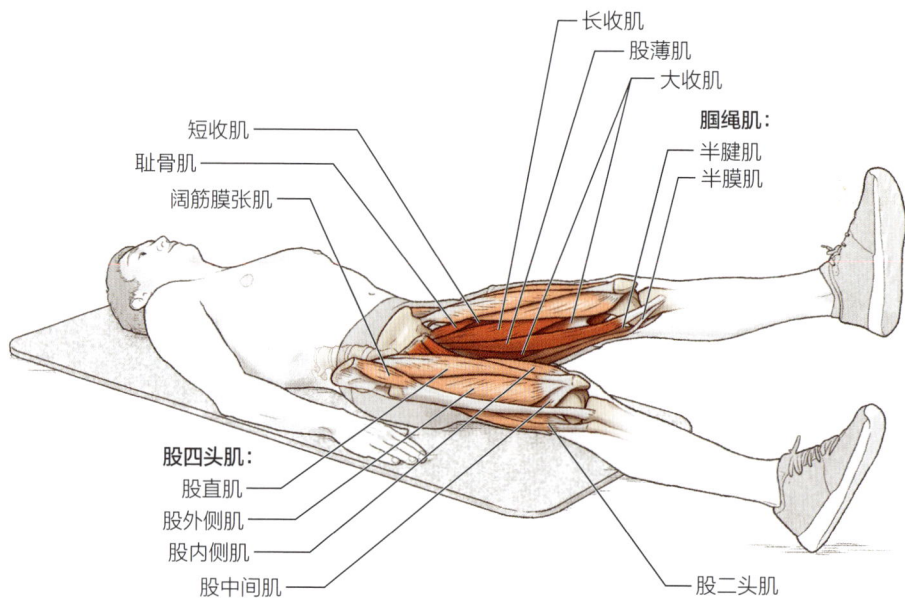

长收肌

股薄肌

大收肌

短收肌

耻骨肌

阔筋膜张肌

腘绳肌：

半腱肌

半膜肌

股四头肌：

股直肌

股外侧肌

股内侧肌

股中间肌

股二头肌

118

执行过程

1. 仰面躺在地上。

2. 双腿伸直，抬起一条腿，并将脚趾指向天花板。

3. 用抬起的腿在身体上方绕大圈，每次绕圈始终都要绕到髋部高度以上。

4. 沿顺时针和逆时针绕圈完成规定的重复次数，然后用另一条腿执行该练习。

涉及的肌肉

主要：大收肌、长收肌、短收肌、耻骨肌和股薄肌。

辅助：腘绳肌（半腱肌、半膜肌和股二头肌）、阔筋膜张肌、股四头肌（股直肌、股外侧肌、股内侧肌和股中间肌）。

冰球关注点

在滑冰和射门的所有方面都需要运动员的髋部灵活性。守门员需要髋部灵活性做出蝶式防守姿势、进行踢挡救球和柱间平移。

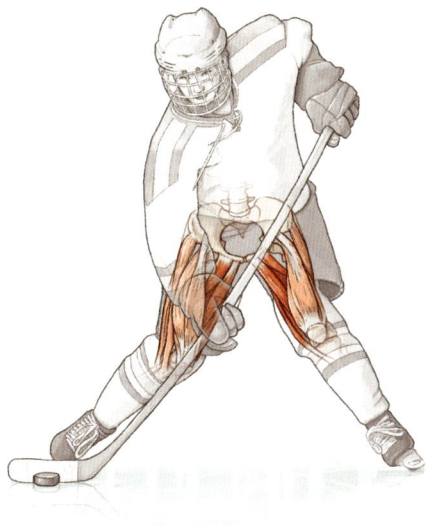

119

抱膝

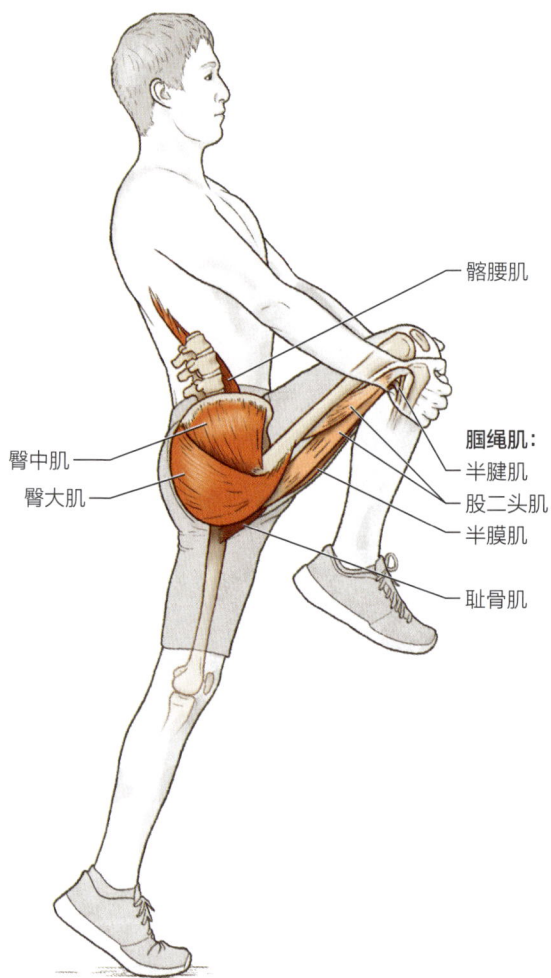

髂腰肌

臀中肌

臀大肌

腘绳肌：
半腱肌

股二头肌

半膜肌

耻骨肌

行走抱膝

120

执行过程

1. 运动员可以在仰面躺在地上或站立或行走时执行抱膝练习。

2. 开始时双腿伸直。

3. 将一条腿的膝关节抬到胸部，并将它抱住。

4. 如果是站立或者行走，那么在将膝关节抬至胸部的过程中，将站立腿的脚跟抬离地面。

5. 将腿放回起始位置，并抬起另一条腿。

6. 重复规定的次数。如果是行走时执行，走完规定的距离。

涉及的肌肉

主要（抬起腿）：臀大肌和臀中肌。

辅助（抬起腿）：腘绳肌（半腱肌、半膜肌和股二头肌）。

主要（站立腿）：髂腰肌和耻骨肌。

冰球关注点

髋部的灵活性对于所有爆发型滑冰动作都至关重要。当冰球运动员需要迅速加速或者急转弯时，髋部的活动范围至关重要。

抱脚踝

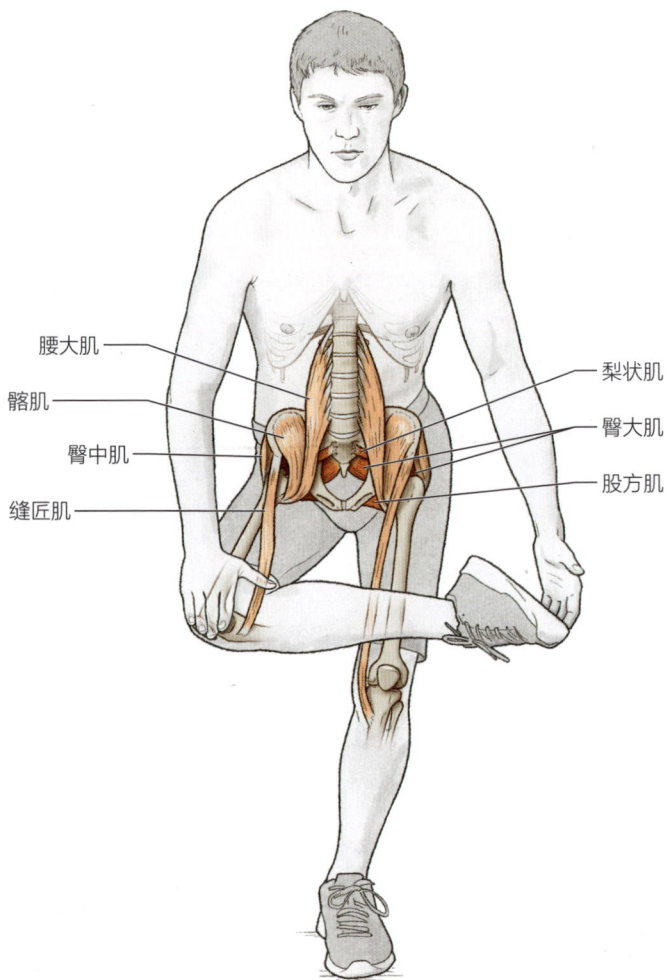

腰大肌

髂肌

臀中肌

缝匠肌

梨状肌

臀大肌

股方肌

站姿抱脚踝

执行过程

1. 运动员可以在仰面躺在地上、站立或行走时执行抱脚踝练习。
2. 开始时双腿伸直。
3. 将一只脚抬至站立腿的膝关节处，然后让它与站立腿交叉。
4. 向上提交叉腿的脚趾并将该侧膝关节下压。与此同时，下蹲。
5. 返回至站立姿势并放下腿。在另一侧重复。
6. 重复规定的次数。如果是行走时执行，则走完规定的距离。

涉及的肌肉

主要：臀大肌、梨状肌和股方肌。

辅助：臀中肌、腰大肌、髂肌和缝匠肌。

冰球关注点

滑冰时髋外旋会产生冰刀插入冰中的角度并且可以增强运动员跨步的深度和速度。髋外旋的活动范围可以让守门员打开身体在柱间移动以及从低位起身。

侧弓步伸手

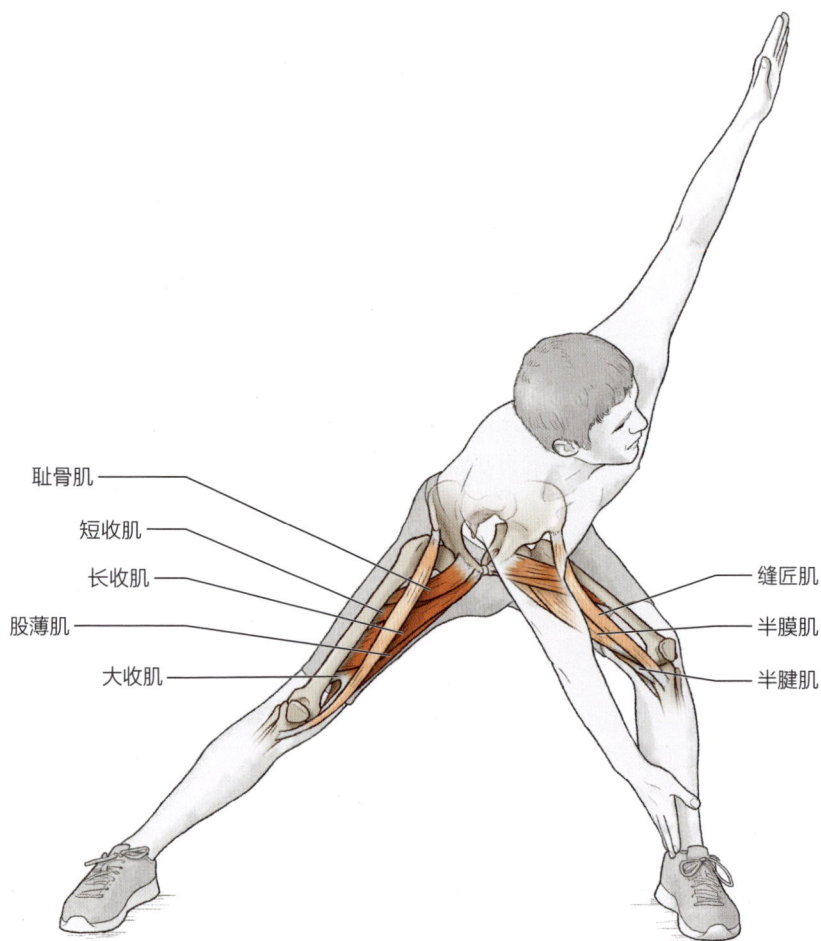

耻骨肌

短收肌

长收肌

股薄肌

大收肌

缝匠肌

半膜肌

半腱肌

执行过程

1. 运动员可以在仰面躺在地上、站立或行走时执行侧弓步伸手的练习。
2. 站立时，双脚分开较大距离。
3. 一侧膝关节屈曲至侧弓步，另一条腿伸直。
4. 伸直双臂，将弯曲腿对侧的手向下伸到弯曲腿脚部的侧面。
5. 与此同时，将弯曲腿一侧的手伸向天花板，从而扭转腰部。
6. 暂停1秒，然后返回至起始位置。
7. 如果要交错行走特定的距离，那么交换两侧并弯曲另一条腿，从而在另一侧执行腰部扭转。持续以交错行走的方式走完规定的距离。如果站立执行练习，那么每侧执行规定的重复次数。

涉及的肌肉

主要：大收肌、长收肌、短收肌、耻骨肌和股薄肌。
辅助：半腱肌、半膜肌和缝匠肌。

冰球关注点

除了激活股四头肌和核心肌肉之外，侧弓步运动还会改善髋部的弯曲和伸展、腰椎和胸椎的伸展以及肩膀的向前弯曲情况。由于滑冰原理，内收肌倾向于缩短。有必要保持这些肌肉处于伸长状态，这样滑冰运动的效果才不会打折扣。

变式

侧弓步扭转伸手

向一侧执行侧弓步。向弯曲的膝关节方向转动躯干时进行深幅度的前弓步。在向前膝转动躯干的同时，前腿一侧的手臂伸到头顶上方。

单侧腘绳肌和股四头肌拉伸

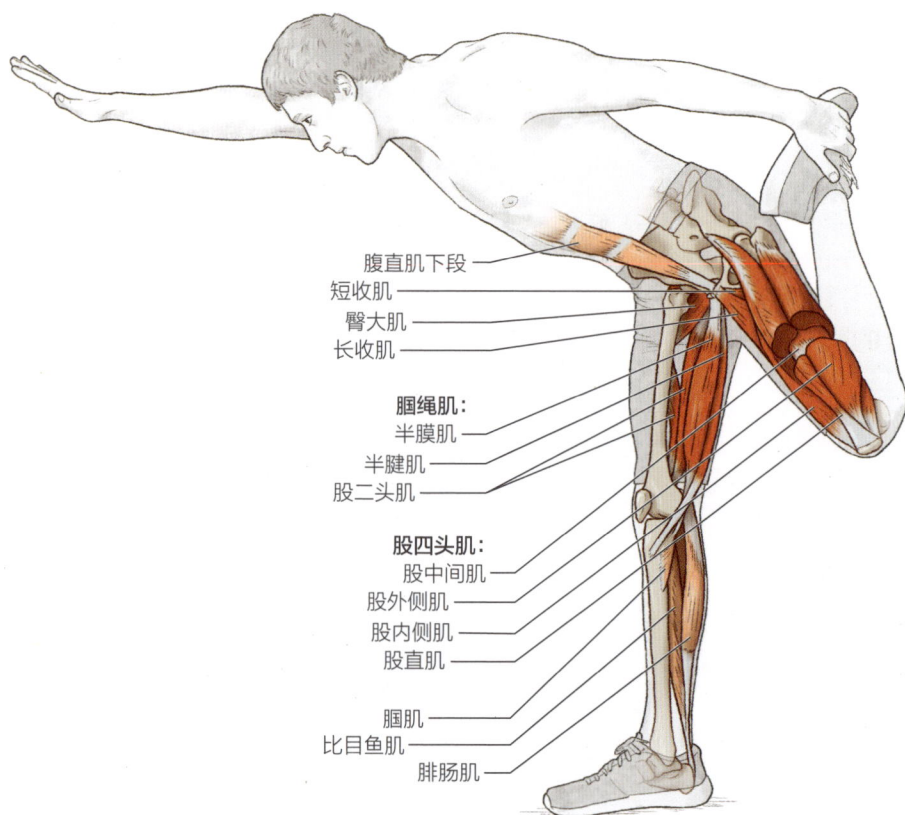

腹直肌下段
短收肌
臀大肌
长收肌

腘绳肌：
半膜肌
半腱肌
股二头肌

股四头肌：
股中间肌
股外侧肌
股内侧肌
股直肌

腘肌
比目鱼肌
腓肠肌

执行过程

1. 运动员可以在站立或行走时执行伸手单腿腘绳肌和股四头肌练习。

2. 双腿伸直站定。

3. 用一只手在背后抓住同侧腿的脚踝。

4. 同时，另一只手臂伸向前方。

5. 在伸展手臂、保持支撑腿伸直和另一条腿在身后弯曲的同时，向前屈髋。

6. 起身并且在另一侧重复。

7. 持续规定的次数或者距离。

涉及的肌肉

主要（支撑腿）：腘绳肌（半腱肌、半膜肌和股二头肌）和臀大肌。

主要（弯曲腿）：股四头肌（股直肌、股外侧肌、股内侧肌和股中间肌）、长收肌、大收肌和短收肌。

辅助（支撑腿）：比目鱼肌、腓肠肌和腘肌。

辅助（弯曲腿）：腹直肌下段。

冰球关注点

在一项运动中伸长整个运动链的能力对冰球运动员而言具有积极意义。该练习会减轻运动员们经历的一些紧绷感，尤其是股四头肌，并且会放松整个骨盆。

内旋蜘蛛式

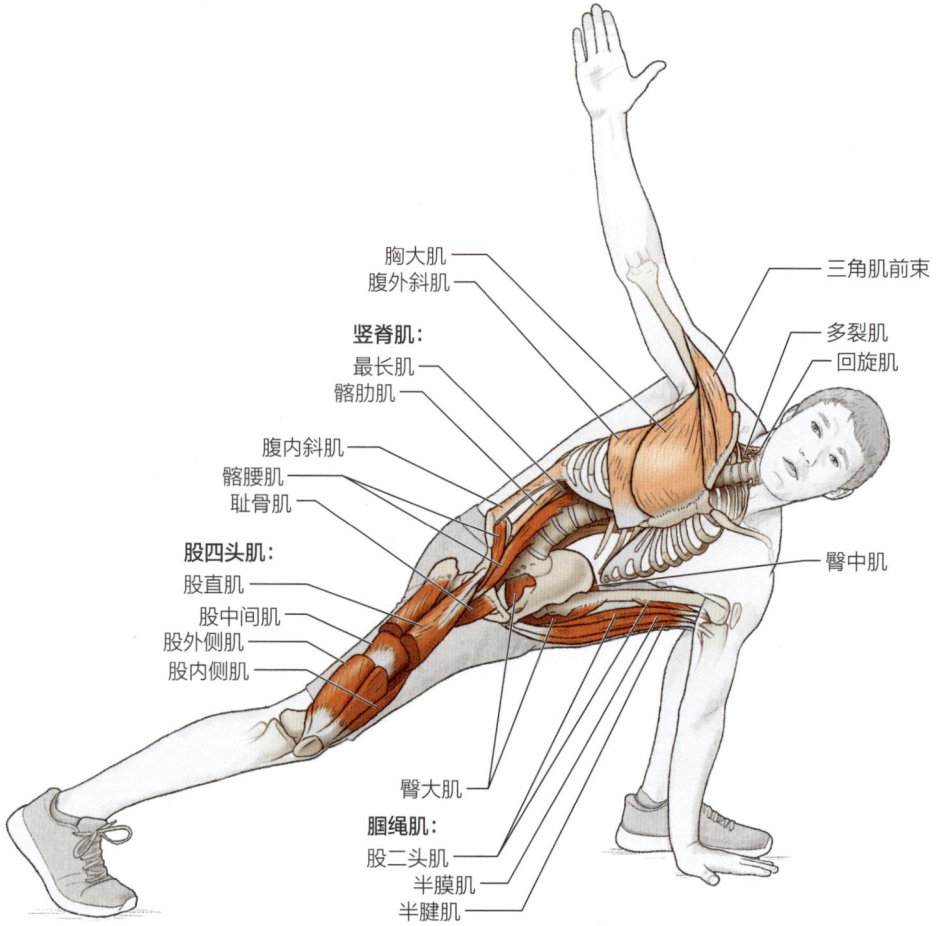

胸大肌
腹外斜肌

三角肌前束

竖脊肌：
最长肌
髂肋肌

多裂肌
回旋肌

腹内斜肌
髂腰肌
耻骨肌

股四头肌：
股直肌
股中间肌
股外侧肌
股内侧肌

臀中肌

臀大肌

腘绳肌：
股二头肌
半膜肌
半腱肌

执行过程

1. 运动员可以在静止不动或者向前行走时完成内旋蜘蛛式练习。
2. 开始时，双手和双膝触地。
3. 向前移动一条腿，并伸直后腿，摆出一个夸张的弓步，并且后腿膝关节离地。
4. 将前腿同侧的肘部移向前腿，并将手放在前脚边的地上。
5. 同时，将另一只手臂伸向天花板，并且将躯干转离前腿。
6. 放下手臂并将手放在地上。向前移动另一条腿并在另一侧重复。
7. 持续规定的重复次数或者指定的距离。

涉及的肌肉

主要（前腿）：臀大肌、臀中肌和腘绳肌（半腱肌、半膜肌和股二头肌）。

辅助（后腿）：髂腰肌、耻骨肌、股四头肌（股直肌、股外侧肌、股内侧肌和股中间肌）。

辅助：多裂肌、回旋机、竖脊肌（髂肋肌、最长肌和棘肌）、胸大肌、三角肌前束、腹外斜肌和腹内斜肌。

冰球关注点

内旋蜘蛛式让身体做出了一系列的动作，这些动作会让身体为与跨步和射门相同的模式所产生的力量做好准备。出于这个原因，要利用该练习让身体为后续的低位滑冰或者射门练习做好准备。

变式

外旋蜘蛛式

用与内旋蜘蛛式一样的方式执行练习，不过要用前腿对侧的手在前脚附近触地，并且将前腿同侧的手臂举起，从而朝前腿转动躯干。

129

交替过顶伸手下蹲摸脚趾

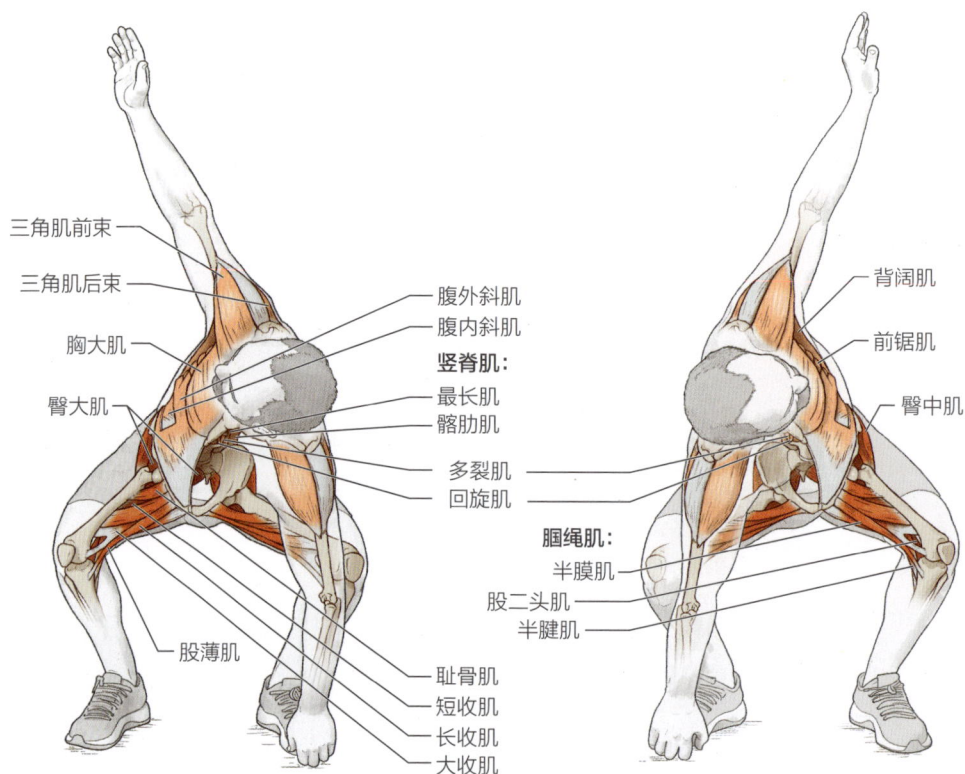

三角肌前束
三角肌后束
胸大肌
臀大肌
股薄肌

腹外斜肌
腹内斜肌
竖脊肌:
最长肌
髂肋肌
多裂肌
回旋肌
耻骨肌
短收肌
长收肌
大收肌

背阔肌
前锯肌
臀中肌
腘绳肌:
半膜肌
股二头肌
半腱肌

执行过程

1. 双脚分开宽于肩膀站立，双腿伸直。向天花板伸手并且身体向后倾。

2. 让躯干向前倾倒，屈髋且双腿伸直。

3. 双手抓住脚趾并且向下蹲。

4. 将一只手臂伸到头顶上方，并通过将躯干转向该手臂一侧来将手臂伸到后方。

5. 放下那只手并用其抓住同侧的脚。向后上方举起另一只手，并且转动躯干。

6. 将双臂都举到头顶上方并起身。

7. 重复规定的次数。

涉及的肌肉

主要：臀大肌、臀中肌和腘绳肌（半腱肌、半膜肌和股二头肌）、大收肌、长收肌、短收肌、耻骨肌和股薄肌。

辅助：多裂肌、回旋肌、竖脊肌（髂肋肌、最长肌和棘肌）、胸大肌、三角肌前束、三角肌后束、腹外斜肌、腹内斜肌、背阔肌和前锯肌。

冰球关注点

这项全身性的练习针对冰球运动员所需灵活性和灵活性的所有方面。该练习涵盖了髋部和上半身的运动，这对于保持滑冰姿势处于低位、承受或者做出撞击以及射门来说很重要。对于守门员而言，该练习能打开肩膀以帮助运动员实现在低位竞技姿势进行拦截和接球。

摇髋旋转

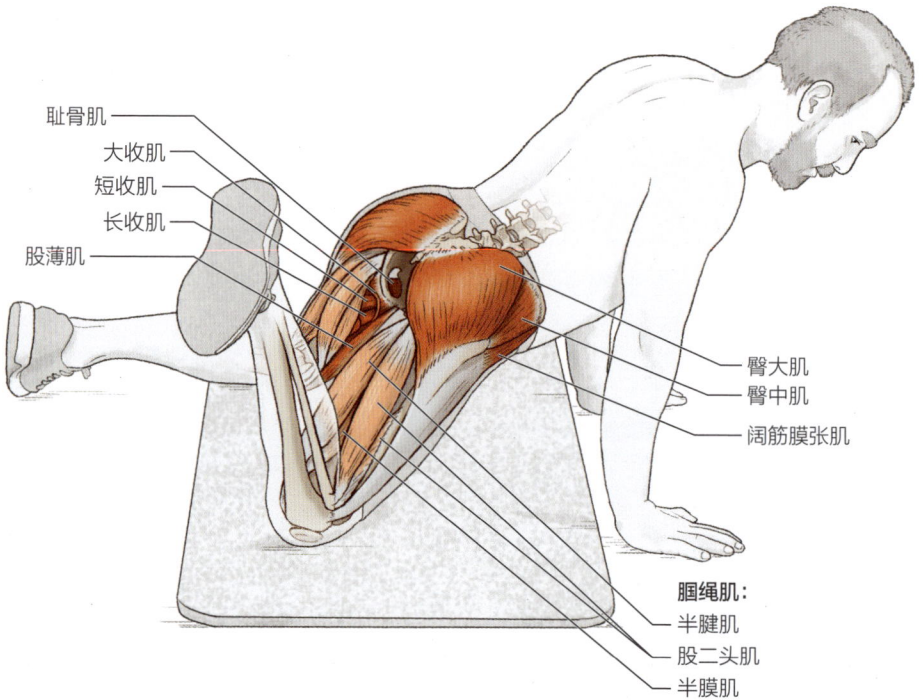

耻骨肌

大收肌

短收肌

长收肌

股薄肌

臀大肌

臀中肌

阔筋膜张肌

腘绳肌：

半腱肌

股二头肌

半膜肌

执行过程

1. 双手和双膝触地，摆出四肢爬地姿势。

2. 将双膝间距加宽至刚好超过肩宽。

3. 向后坐在脚后跟上，并且上半身向外伸展。

4. 将髋部向前移动，并且一只脚向上踢，并伸至侧面。

5. 将脚收回来并且向后坐在脚后跟上。

6. 将髋部向前移动，并且另一只脚向上踢，并伸至侧面。

7. 每侧都重复规定的次数。

涉及的肌肉

主要：臀中肌、臀大肌、阔筋膜张肌、大收肌、长收肌、短收肌、耻骨肌和股薄肌。

辅助：腘绳肌（半腱肌、半膜肌和股二头肌）。

冰球关注点

这项练习以一种有节奏的方式放松髋部的旋转肌。由于髋部旋转肌对于向后和向前滑冰时保持低位的能力以及守门员保持合适站姿的能力有着重要作用，所以保持下肢的灵活性至关重要。

髋部绕圈

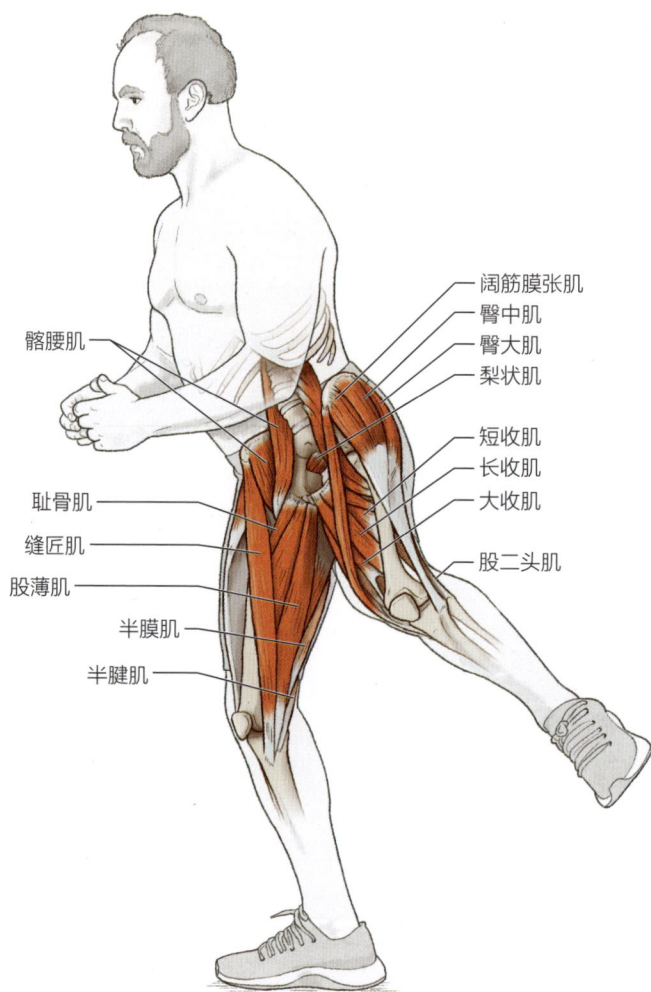

阔筋膜张肌
臀中肌
臀大肌
梨状肌

短收肌
长收肌
大收肌

股二头肌

髂腰肌

耻骨肌
缝匠肌
股薄肌
半膜肌
半腱肌

执行过程

1. 运动员可以在静止、行走、慢跑或蹦跳时向前或者向后执行髋部绕圈练习。
2. 挺身站立。
3. 抬起一条腿的膝关节，并向体侧伸至髋部高度。
4. 如果向后行走，那么旋转髋部，使得膝关节伸到身后。如果向前行走，那么旋转髋部，使得膝关节伸到体前。
5. 将膝关节抬到臀部以上，并将脚放回地面。
6. 在另一侧进行练习。

涉及的肌肉

主要：臀大肌、臀中肌、梨状肌、阔筋膜张肌、长收肌、短收肌、大收肌、耻骨肌、股薄肌和缝匠肌。

辅助：髂腰肌和腘绳肌（半腱肌、半膜肌和股二头肌）。

冰球关注点

该练习能放松骨盆和髋部，这对于增大滑冰和射门时的活动范围而言非常重要。

高抬腿跑

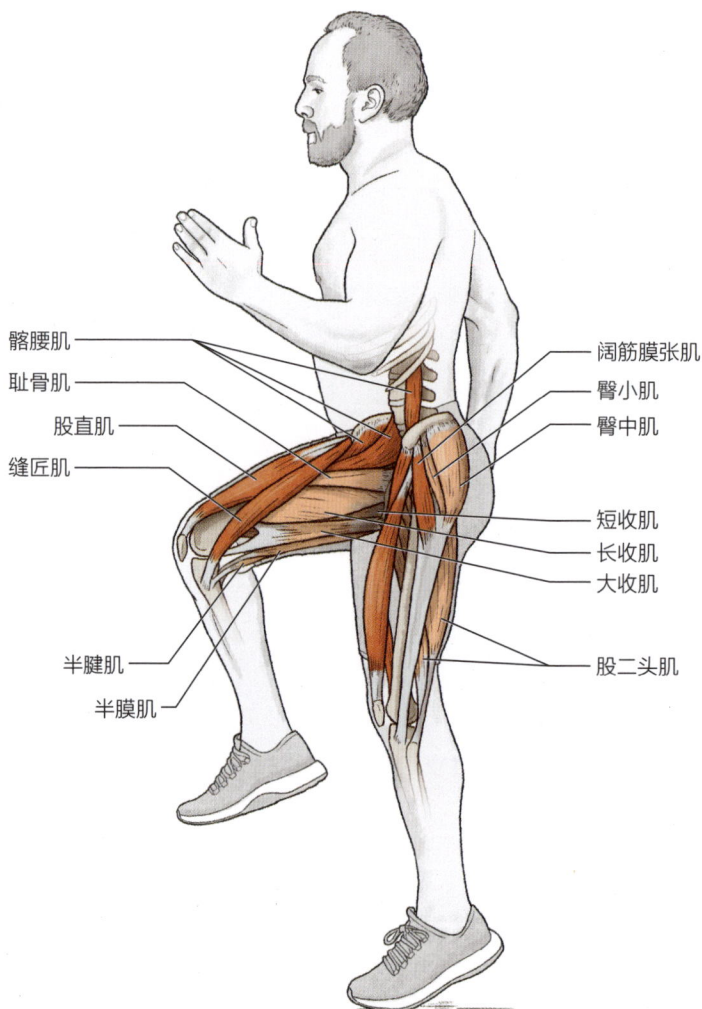

髂腰肌

耻骨肌

股直肌

缝匠肌

半腱肌

半膜肌

阔筋膜张肌

臀小肌

臀中肌

短收肌

长收肌

大收肌

股二头肌

执行过程

1. 运动员可以向前、向后或者横向执行高抬腿跑。

2. 在沿指定方向迅速移动的同时，将膝关节抬向胸部。

3. 将肘关节屈曲成90度角，并且手臂和腿部相对摆动。

4. 用脚掌着地。

5. 练习规定的距离或者时间。

涉及的肌肉

主要：髂腰肌、阔筋膜张肌、缝匠肌和股直肌。

辅助：臀中肌、臀小肌、长收肌、短收肌、大收肌、耻骨肌和腘绳肌（半腱肌、半膜肌和股二头肌）。

冰球关注点

这是练习髋部弯曲和为冰上活动做准备时提高心率的常规热身练习。在冰面上，每次相继跨步时都要将膝关节收到身体下方，这一点很重要，该运动模式正模仿了这个定位方式。迅速换腿会引起更多的髋部运动和更大的髋部活动范围，进而导致更快的跨步重定位。

高抬腿跳

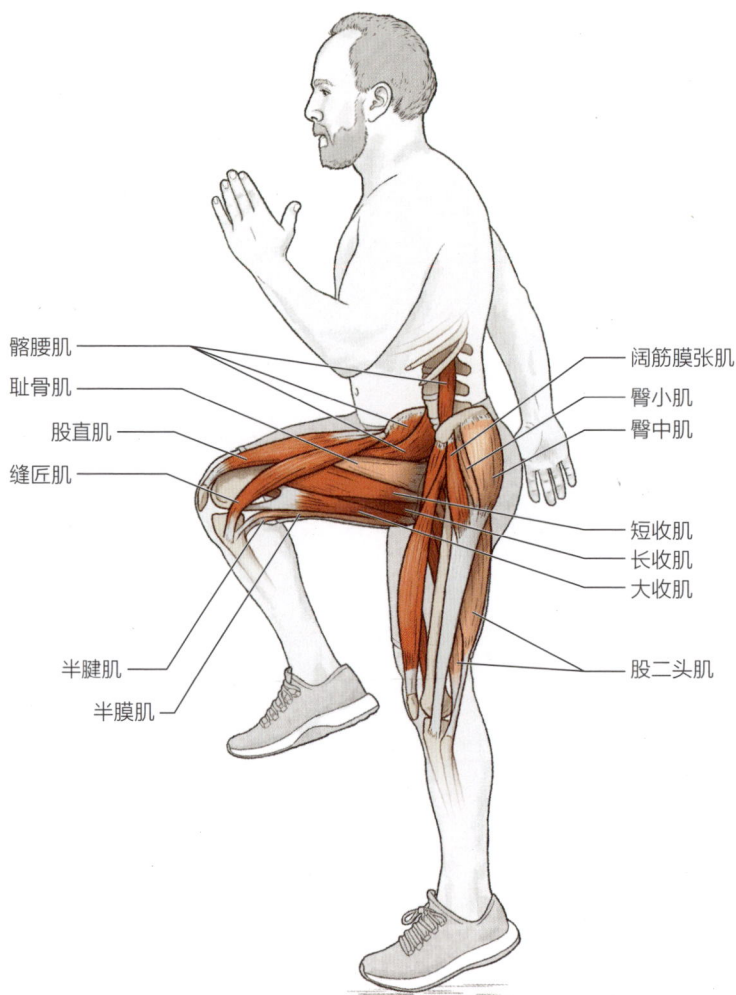

髂腰肌

耻骨肌

股直肌

缝匠肌

半腱肌

半膜肌

阔筋膜张肌

臀小肌

臀中肌

短收肌

长收肌

大收肌

股二头肌

执行过程

1. 运动员可以向前、向后或者横向执行高抬腿跳。
2. 在沿指定方向迅速跳跃的同时，将膝关节抬向胸部。为了跳跃，在向前、向后或者横向移动的同时，每次一只脚触地时都要执行一次小幅蹦跳，这样每只脚都会接触地面两次，而不是一次。在小幅蹦跳期间，将另一个膝关节抬向胸部。
3. 将肘部弯曲至90度，并且手臂和腿部相对摆动。
4. 用脚掌着地。
5. 练习规定的距离或者时间。

涉及的肌肉

主要：髂腰肌、阔筋膜张肌、缝匠肌、股直肌、长收肌、大收肌和短收肌。

辅助：臀中肌、臀小肌、腘绳肌（半腱肌、半膜肌和股二头肌）和耻骨肌。

冰球关注点

该练习采用有节奏的运动来改善协调性和滑冰跨步期间所用到关节的活动范围。

变式

高抬腿交叉跳

执行高抬腿跳，但是向外旋转髋部的同时，在体前交叉双腿。

俄式行进

在向前移动的同时执行高抬腿跳，但是腿要伸直。

脚踝跳跃

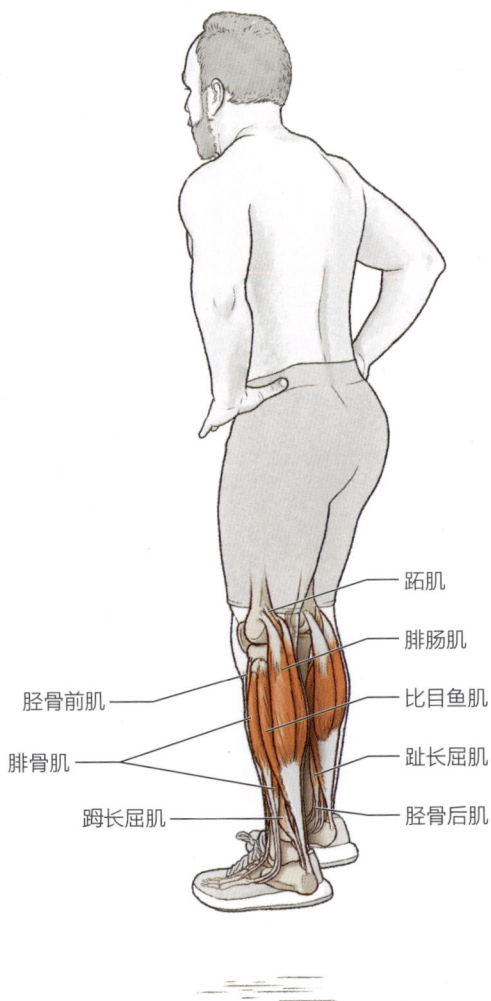

跖肌

腓肠肌

胫骨前肌

比目鱼肌

腓骨肌

趾长屈肌

姆长屈肌

胫骨后肌

执行过程

1. 运动员可以在静止不动或者前后移动时执行脚踝跳跃。

2. 双腿伸直或者膝关节非常轻微地弯曲，通过用双脚脚趾蹬离地面来垂直跳跃。

3. 应该只使用脚踝执行跳跃。通过保持双膝处于固定姿势来避免股四头肌的参与。

4. 在尽快蹬离地面的同时，还要跳得尽可能高。

5. 重复规定的次数或者持续规定的时间。

涉及的肌肉

主要：腓肠肌、比目鱼肌和腓骨肌。

辅助：胫骨后肌、胫骨前肌、趾长屈肌、屈拇长肌和跖肌。

冰球关注点

在突然变向和蹬地起滑时，通过该练习对踝关节屈曲和伸展进行强化会对运动员大有益处。

141

手臂摆动侧曳步

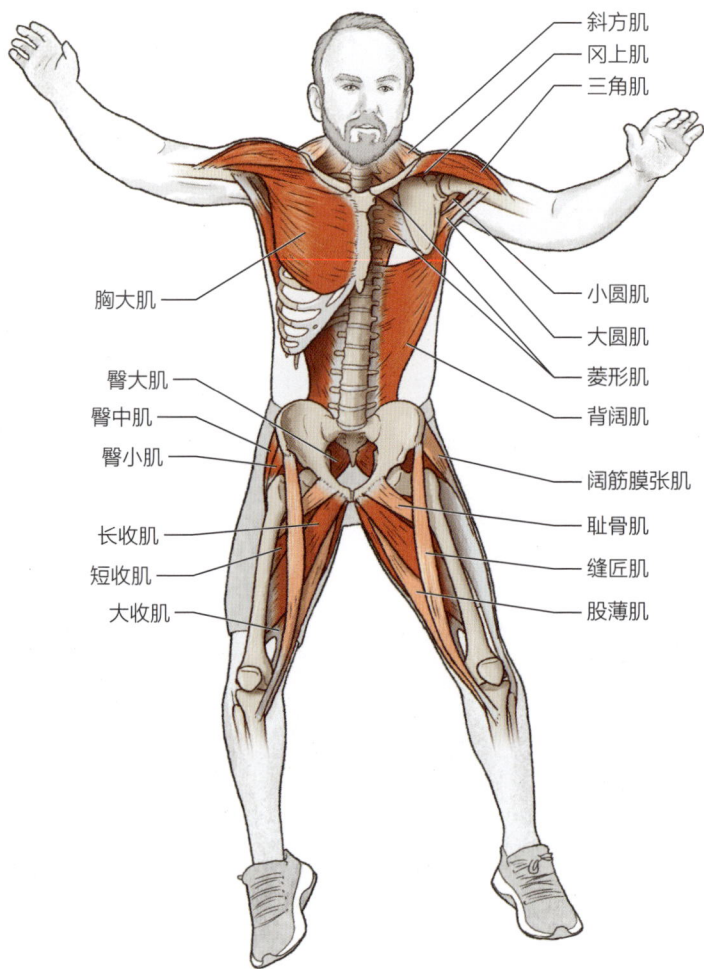

斜方肌
冈上肌
三角肌

小圆肌
大圆肌
菱形肌
背阔肌

胸大肌

臀大肌
臀中肌
臀小肌

长收肌
短收肌
大收肌

阔筋膜张肌
耻骨肌
缝匠肌
股薄肌

142

执行过程

1. 以竞技姿势开始，双膝微弯，双臂垂在身体两侧。

2. 用髋支撑身体，横向滑动双脚。

3. 同时，摆动双臂先在体前交叉，然后尽可能远地伸出至身体两侧。

4. 练习规定的距离或者时间，然后改变滑步的方向。

涉及的肌肉

主要：臀大肌、臀中肌、臀小肌、长收肌、大收肌、短收肌、三角肌、冈上肌、背阔肌和胸大肌。

辅助：耻骨肌、股薄肌、缝匠肌、阔筋膜张肌、小圆肌、大圆肌、斜方肌和菱形肌。

冰球关注点

该练习能激活下半身，为冰上活动以及上半身热身做好准备。

前/后交叉侧弓步

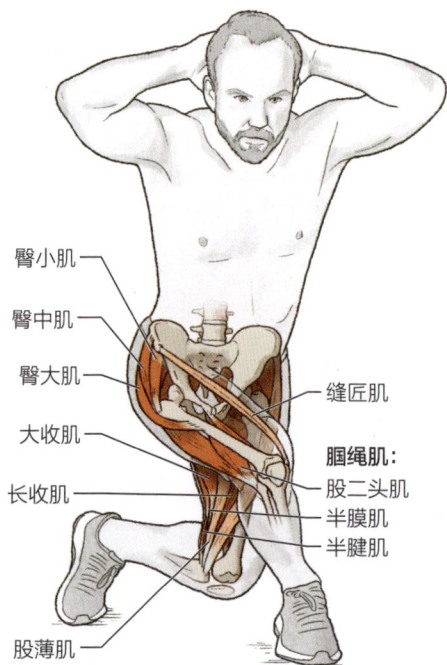

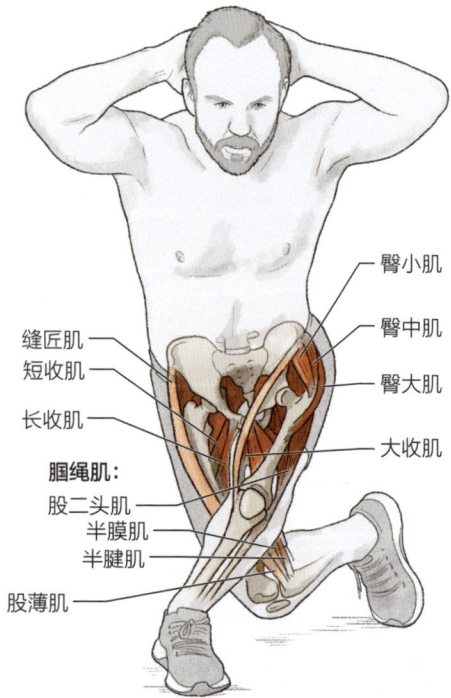

灵活性

臀小肌

臀中肌

臀大肌

大收肌

长收肌

股薄肌

缝匠肌

腘绳肌：

股二头肌

半膜肌

半腱肌

臀小肌

臀中肌

臀大肌

大收肌

缝匠肌

短收肌

长收肌

腘绳肌：

股二头肌

半膜肌

半腱肌

股薄肌

执行过程

1. 挺身站立，并用双手抱住头部后侧。

2. 一只脚迈出至体侧。

3. 用另一只脚从前面与迈开的脚交叉并下蹲。

4. 蹬地起身，并沿与第一次迈步相同的方向再往体侧迈一步。

5. 这次，用从前面与迈开的腿交叉过的同一只脚从后面与迈开的脚交叉并下蹲。

6. 在从前面或者从后面交叉的时候，务必要远远地交叉过弓步腿的膝关节。

7. 蹬地起身，并且将该模式重复规定的次数或移动规定的距离。

8. 朝一侧进行所有的重复次数或者移动距离，然后交换方向。

涉及的肌肉

主要：臀大肌、臀中肌、臀小肌、大收肌、短收肌、长收肌、腘绳肌（半腱肌、半膜肌和股二头肌）。

辅助：股薄肌和缝匠肌。

冰球关注点

与在冰面上做交叉步类似，该练习采用低位弓步姿势横向移动。该练习还会伸展在该运动模式中用到的肌肉。

髂胫束行走

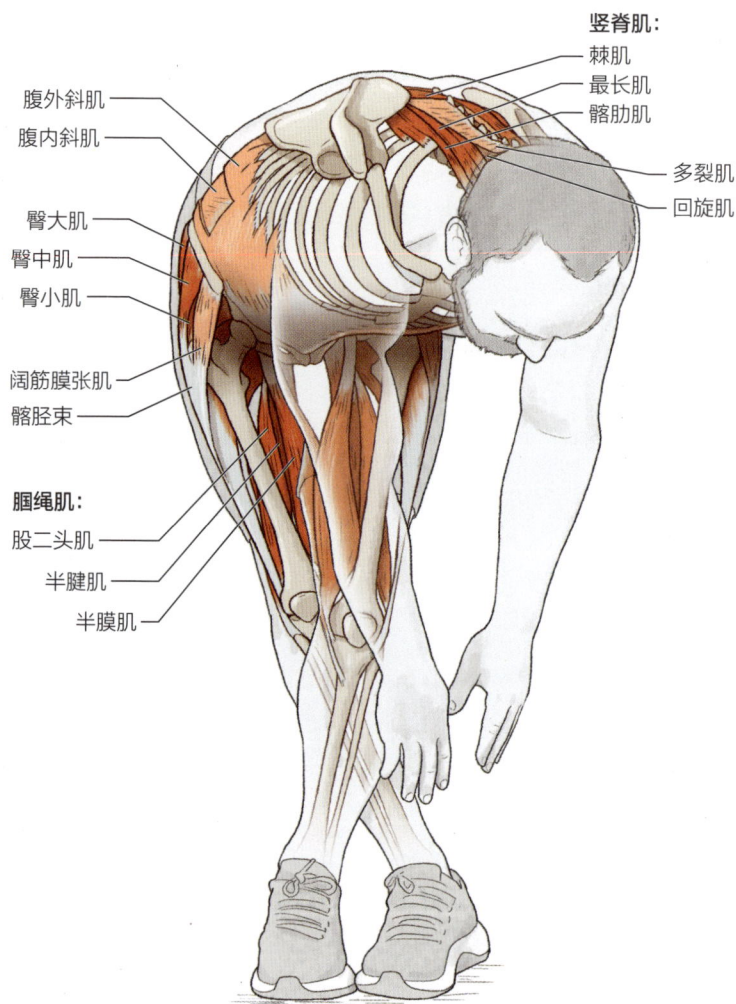

腹外斜肌

腹内斜肌

臀大肌

臀中肌

臀小肌

阔筋膜张肌

髂胫束

胭绳肌：

股二头肌

半腱肌

半膜肌

竖脊肌：

棘肌

最长肌

髂肋肌

多裂肌

回旋肌

146

执行过程

1. 双脚与肩同宽站立，双臂垂于身体两侧。

2. 将一只脚迈出至体侧。

3. 另一只脚从前面与迈开的脚交叉。

4. 将双脚并排放置。

5. 转动肩关节，并向下朝前交叉腿的外侧伸手。

6. 以这种方式持续执行规定的次数或者前进规定的距离。

7. 交换方向，并用另一只脚交叉。

涉及的肌肉

主要：髂胫束、腘绳肌（半腱肌、半膜肌和股二头肌）、臀大肌、臀中肌、臀小肌和竖脊肌（髂肋肌、最长肌和棘肌）。

辅助：阔筋膜张肌、腹外斜肌、腹内斜肌、回旋肌、多裂肌和腰方肌。

冰球关注点

滑冰和外旋通常会导致髂胫束变紧，而该旋转运动会伸展髂胫束。髂胫束处于伸展状态能够防止膝关节和髋部不适。

147

第 7 章

平衡性

　　平衡性对于所有冰球活动来说都很关键。运动员从刚接触冰面一直到离开冰面都必须保持平衡。滑冰、射门、身体冲撞以及冰面上的每项其他活动都会涉及平衡性。尽管平衡性在体育运动中十分重要，尤其是在冰球运动中，但是它经常被忽略并且不被作为训练的关注点。改善平衡性可以改善比赛的方方面面。

　　对平衡性而言，极其重要的肌肉是骨盆和下肢的辅助肌。其包括髋部的小块内收肌（耻骨肌、长收肌、短收肌和股薄肌）、缝匠肌、髋部短外旋肌（孖肌和梨状肌）、阔筋膜张肌、腓骨肌、胫骨前/后肌、蹬长屈肌和小趾屈肌以及脚的深层肌群。虽然主要肌群（臀肌、股四头肌、腘绳肌和腓肠肌）也会有所涉及，但是它们并没有那么关键。

　　执行本章中的练习时要赤脚或者穿柔软无支撑性的鞋子，这会让身体通过工作来实现平衡性，并消除对支撑性鞋子的依赖性。

星形偏移

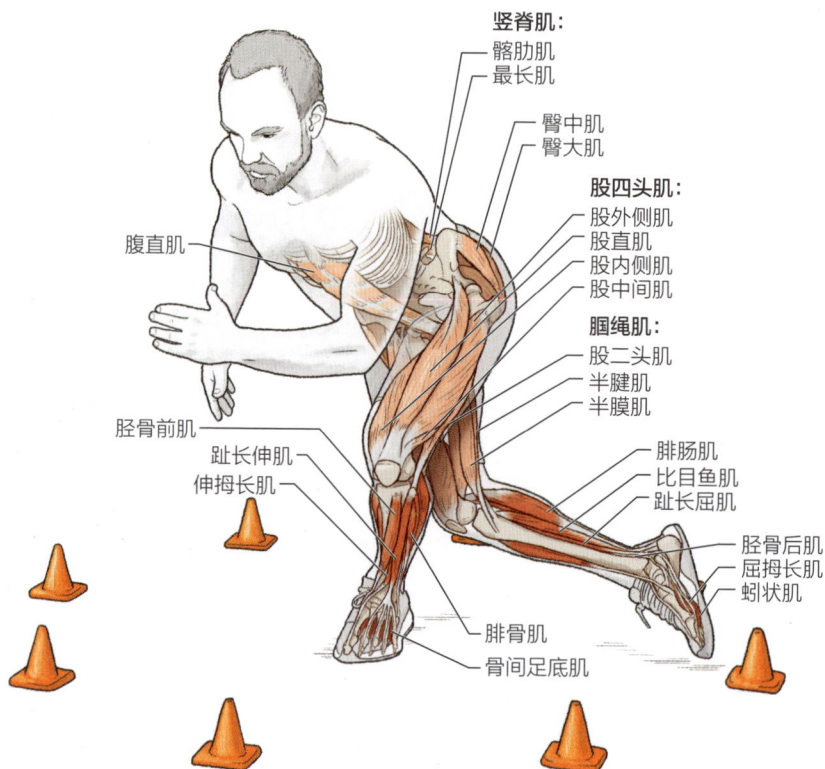

竖脊肌：
髂肋肌
最长肌

臀中肌
臀大肌

股四头肌：
股外侧肌
股直肌
股内侧肌
股中间肌

腘绳肌：
股二头肌
半腱肌
半膜肌

腹直肌

胫骨前肌

趾长伸肌

伸拇长肌

腓肠肌
比目鱼肌
趾长屈肌

胫骨后肌
屈拇长肌
蚓状肌

腓骨肌

骨间足底肌

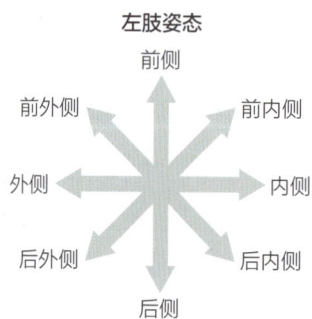

左肢姿态

前侧

前外侧   前内侧

外侧   内侧

后外侧   后内侧

后侧

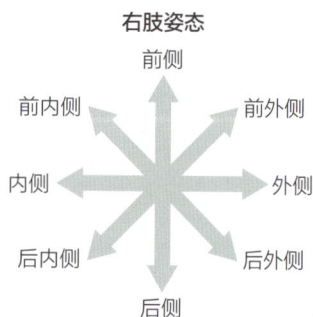

右肢姿态

前侧

前内侧   前外侧

内侧   外侧

后内侧   后外侧

后侧

执行过程

1. 将8个锥筒布置成星形。
2. 单脚直立站在星形的中间，保持腿部伸直并且脚趾绷直。
3. 抬起的脚伸出并触碰每个位置的锥筒：前外侧、前侧、前内侧、外侧、内侧、后外侧、后侧和后内侧。绕着星形触碰每一个锥筒为一次重复。
4. 执行规定的重复次数，然后交换双腿。

涉及的肌肉

主要：腓肠肌、比目鱼肌、胫骨前肌、踇长伸肌、趾长伸肌、踇长屈肌、趾长屈肌、胫骨后肌、腓骨肌、骨间足底肌和蚓状肌。

辅助：臀大肌、臀中肌、腘绳肌（半腱肌、半膜肌和股二头肌）、股四头肌（股直肌、股外侧肌、股内侧肌和股中间肌）、竖脊肌（髂肋肌、最长肌和棘肌）和腹直肌。

冰球关注点

滑冰和冰球运动的竞技能力要求运动员以一只脚或者一条腿保持稳定。运动员在保持平衡的同时向各个方向伸脚的能力可体现运动员在冰面上单腿支撑的有效程度。平衡性的丧失会导致运动员表现变差或者受伤。

平衡性

151

平衡板等长下蹲

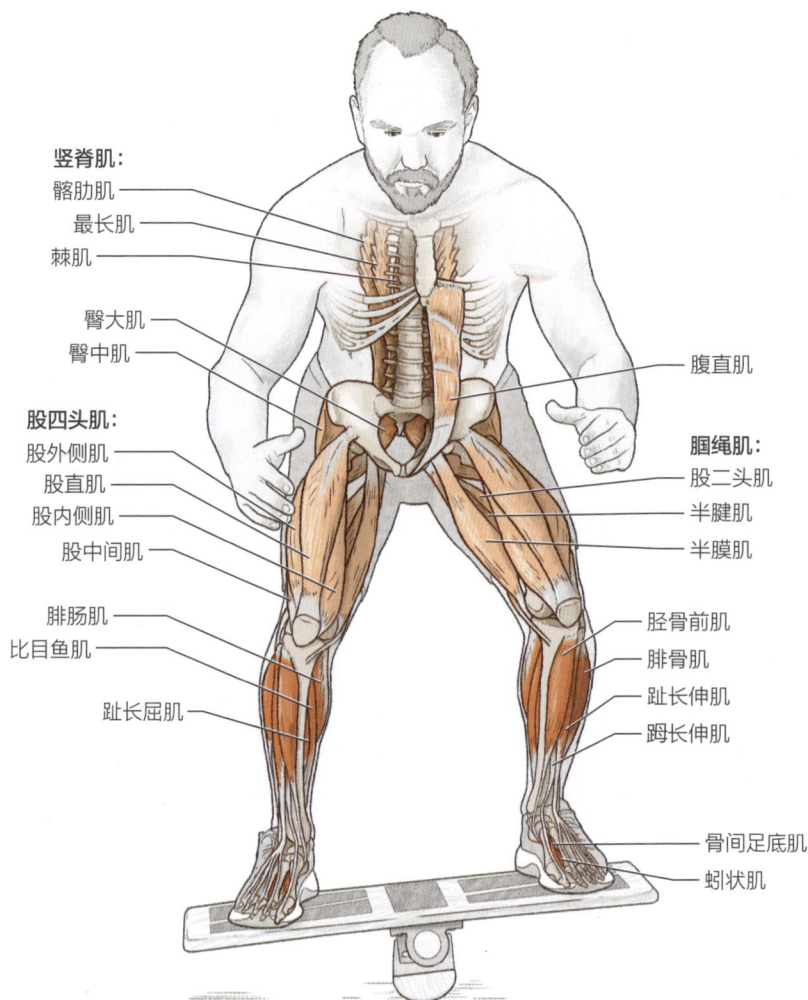

竖脊肌：
髂肋肌
最长肌
棘肌

臀大肌
臀中肌

腹直肌

股四头肌：
股外侧肌
股直肌
股内侧肌
股中间肌

腘绳肌：
股二头肌
半腱肌
半膜肌

腓肠肌
比目鱼肌

胫骨前肌
腓骨肌
趾长伸肌
姆长伸肌

趾长屈肌

骨间足底肌
蚓状肌

执行过程

1. 双脚分开与肩同宽，站在一块平衡板上。选择一个具有挑战性的平衡板尺寸。平衡板的底部装置越圆，该练习就越困难。

2. 在保持平衡板两侧不接触地面的同时，在平衡板上面保持微蹲姿势。

3. 执行规定的时间。

涉及的肌肉

主要：腓肠肌、比目鱼肌、胫骨前肌、蹞长伸肌、趾长伸肌、趾长屈肌、胫骨后肌、腓骨肌、骨间足底肌、骨间背侧肌和蚓状肌。

辅助：臀大肌、臀中肌、腘绳肌（半腱肌、半膜肌和股二头肌）、股四头肌（股直肌、股外侧肌、股内侧肌和股中间肌）、竖脊肌（髂肋肌、最长肌和棘肌）和腹直肌。

冰球关注点

在冰面上保持低位姿势的能力很关键。能够一边保持低位姿势一边吸收试图让身体偏离重心的外力更为关键。很少有运动员在冰面上不会遇到扰乱他/她重心的外力。运动员处于这种低位姿势时越能保持平衡，越能有效地发挥。

单腿横向伸手臂

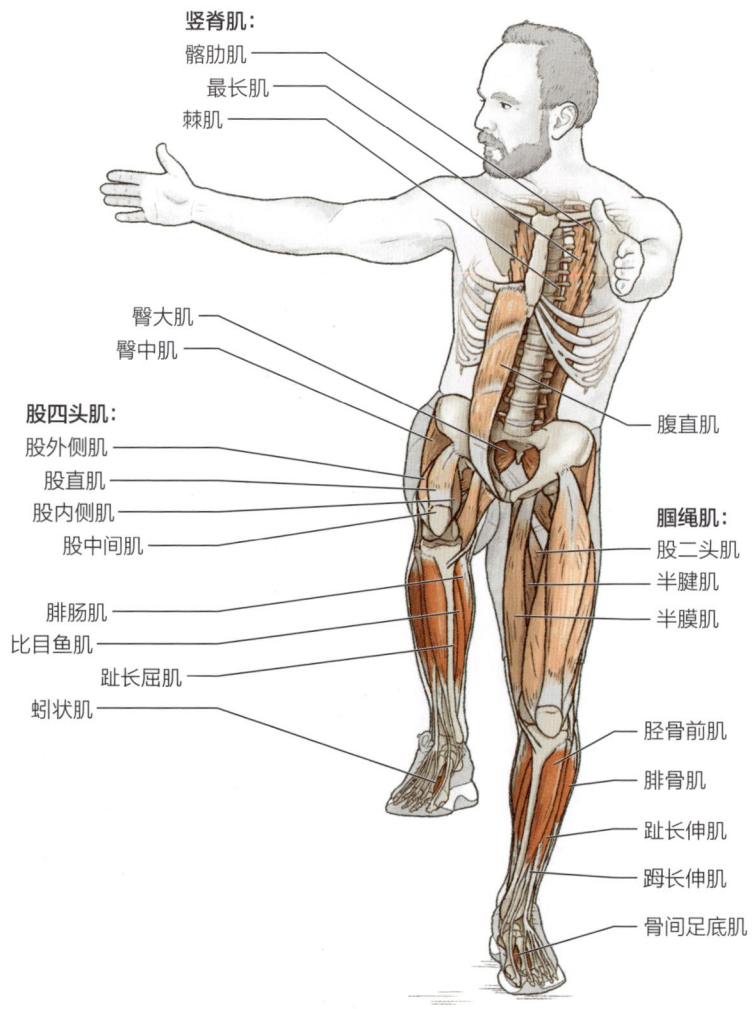

竖脊肌：
髂肋肌
最长肌
棘肌

臀大肌
臀中肌

股四头肌：
股外侧肌
股直肌
股内侧肌
股中间肌

腓肠肌
比目鱼肌
趾长屈肌
蚓状肌

腹直肌

腘绳肌：
股二头肌
半腱肌
半膜肌

胫骨前肌
腓骨肌
趾长伸肌
蹰长伸肌
骨间足底肌

执行过程

1. 单腿站立。抬起另一条腿，让膝关节位于髋部高度。

2. 将双臂抬至肩膀高度，双掌合拢，但是手指不要扣在一起。

3. 单腿站立的同时，一只手臂尽可能远地伸至体侧，缓慢地沿着该手臂方向旋转肩膀，并始终注视着手臂的移动。

4. 让静止不动的手臂笔直朝前伸。

5. 将移动臂收回至中心，用另一只手臂进行重复。

6. 每侧都重复规定的次数。

7. 交换双腿并重复。

涉及的肌肉

主要：腓肠肌、比目鱼肌、胫骨前肌、蹈长伸肌、趾长伸肌、蹈长屈肌、趾长屈肌、腓骨肌、骨间足底肌、背侧骨间肌和蚓状肌。

辅助：臀大肌、臀中肌、腘绳肌（半腱肌、半膜肌和股二头肌）、股四头肌（股直肌、股外侧肌、股内侧肌和股中间肌）、竖脊肌（髂肋肌、最长肌和棘肌）和腹直肌。

冰球关注点

由于运动员和冰球始终处于运动状态，在视觉追踪的同时，要利用单腿保持稳定，这一点很重要。该练习在一种离开冰面的可控环境中训练视觉追踪技术，但是运动员仍不能够轻松地将该技术应用到冰面运动之中。

变式

平衡挑战

- 闭上一只眼睛。
- 闭上两只眼睛。
- 迅速地将手臂移到体侧并收回。

155

外界干扰等长分腿下蹲

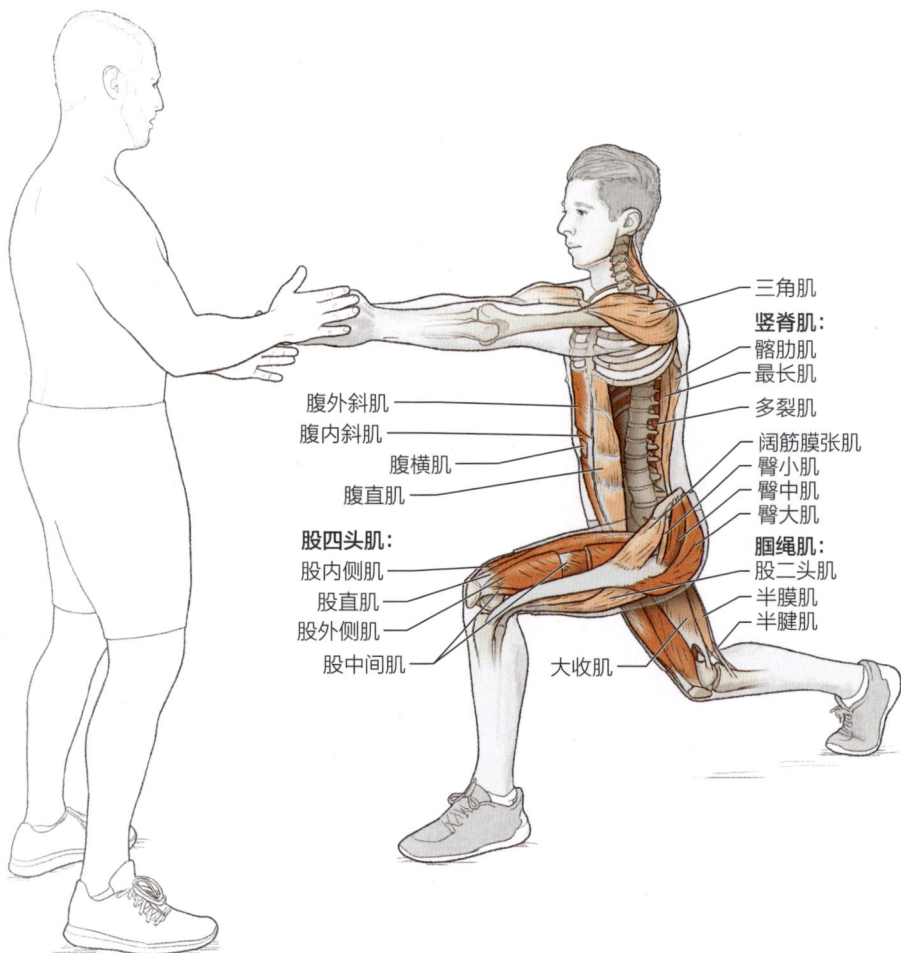

三角肌

竖脊肌:
髂肋肌
最长肌

多裂肌

阔筋膜张肌
臀小肌
臀中肌
臀大肌

腘绳肌:
股二头肌
半膜肌
半腱肌

腹外斜肌
腹内斜肌
腹横肌
腹直肌

股四头肌:
股内侧肌
股直肌
股外侧肌
股中间肌

大收肌

156

执行过程

1. 摆出长弓步姿势，前腿膝关节屈曲成90度角，后腿膝关节大约成120度角。
2. 将双臂在体前笔直地抬至肩膀高度，双手相握。
3. 一名同伴站在你前面，并向你的双手外部、顶部和底部各个方向施加压力。
4. 在同伴施加压力的同时，务必要保持手臂伸直。
5. 保持规定的时间。交换双腿。

涉及的肌肉

主要：股四头肌（股直肌、股外侧肌、股内侧肌和股中间肌）、臀大肌、臀中肌、多裂肌、腹横肌、腹内斜肌和腹外斜肌。

辅助：腘绳肌（半腱肌、半膜肌和股二头肌）、臀小肌、大收肌、三角肌、腹直肌、竖脊肌（髂肋肌、最长肌和棘肌）和阔筋膜张肌。

冰球关注点

运动员需要在滑冰和吸收接触冲击时，仍然能够保持节奏、速度和敏捷性。在比赛期间，尤其是在沿着挡板进行激战期间，外力将会作用在运动员上半身。该练习能培养运动员在争夺控球权或者冲撞某人的同时保持平衡和移动的能力。

变式

外界干扰与闭眼等长分腿下蹲

摆出长弓步姿势时，闭上一只眼睛执行该练习。为了更具挑战性，可闭上两只眼睛。

157

握棍与外界干扰等长下蹲

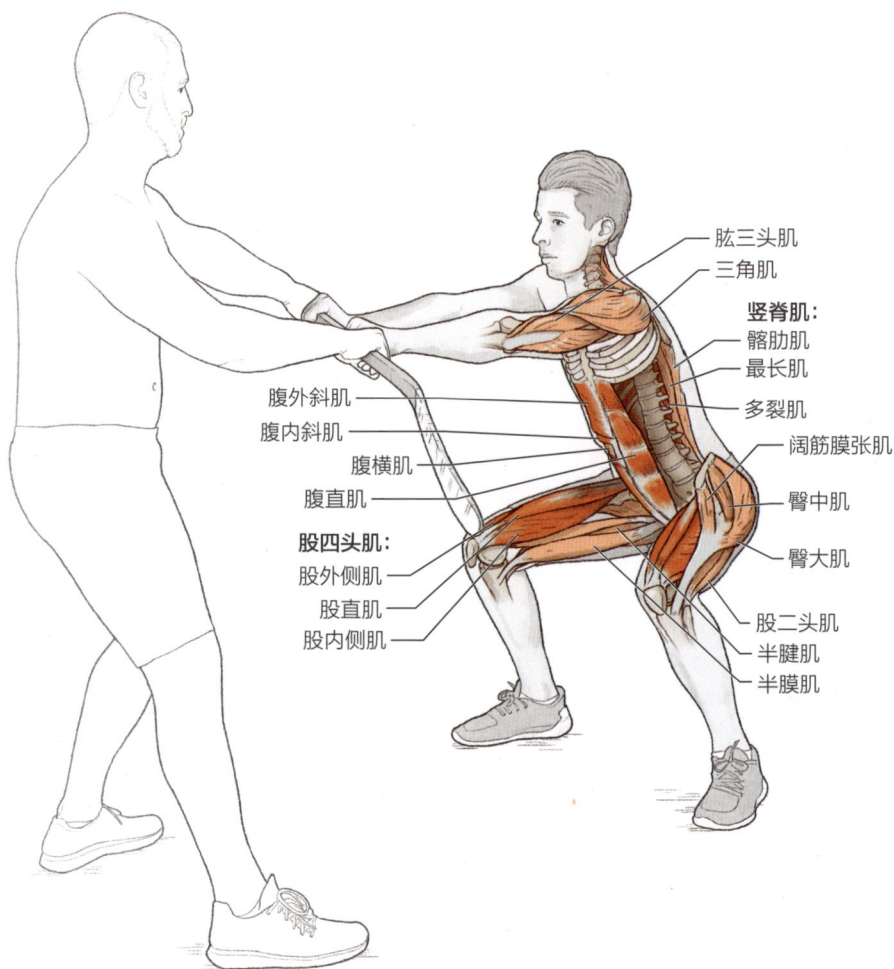

肱三头肌
三角肌

竖脊肌：
髂肋肌
最长肌
多裂肌

腹外斜肌
腹内斜肌
腹横肌
腹直肌

阔筋膜张肌
臀中肌
臀大肌

股四头肌：
股外侧肌
股直肌
股内侧肌

股二头肌
半腱肌
半膜肌

执行过程

1. 双脚分开与肩同宽，摆出下蹲姿势，下蹲至腘绳肌平行于地面，胸部高挺并且后背平直。
2. 采用最舒服的握法，在肩膀高度处将一根手臂长度的木棍握在双手中。
3. 你的同伴抓住木棍，并沿着各个方向对木棍施加压力和拉动木棍。
4. 保持下蹲姿势，并在不失去平衡的前提下，争取保持木棍处于起始位置。
5. 保持规定的时间。

涉及的肌肉

主要：腹直肌、腹横肌、腹内斜肌、腹外斜肌、阔筋膜张肌、股直肌、股内侧肌和股外侧肌。

辅助：臀中肌、臀大肌、股二头肌、半腱肌、半膜肌、竖脊肌（髂肋肌、最长肌和棘肌）、三角肌和肱三头肌。

冰球关注点

冰球运动涉及不断地争夺位置，而争夺位置需要解读比赛的能力、反应能力以及将能量从上半身转移到下半身（反之亦然）的能力。该练习能培养运动员力量和处在竞技姿势时转移能量的能力，当遭到各种角度的撞击时，其对于射门、传球或者滑冰时的稳定性至关重要。

当作用力阻止你去往想去的地方时，该练习也很重要。当需要一边穿稳滑冰鞋一边经过门区、吸收冰球撞击产生的外力并伸手救球时，守门员都会用到该技术。

变式

握棍、外界干扰与闭眼等长下蹲

在下蹲时，闭上一只眼睛并执行练习。为了更具挑战性，可闭上两只眼睛。

单腿过顶实心球侧摔

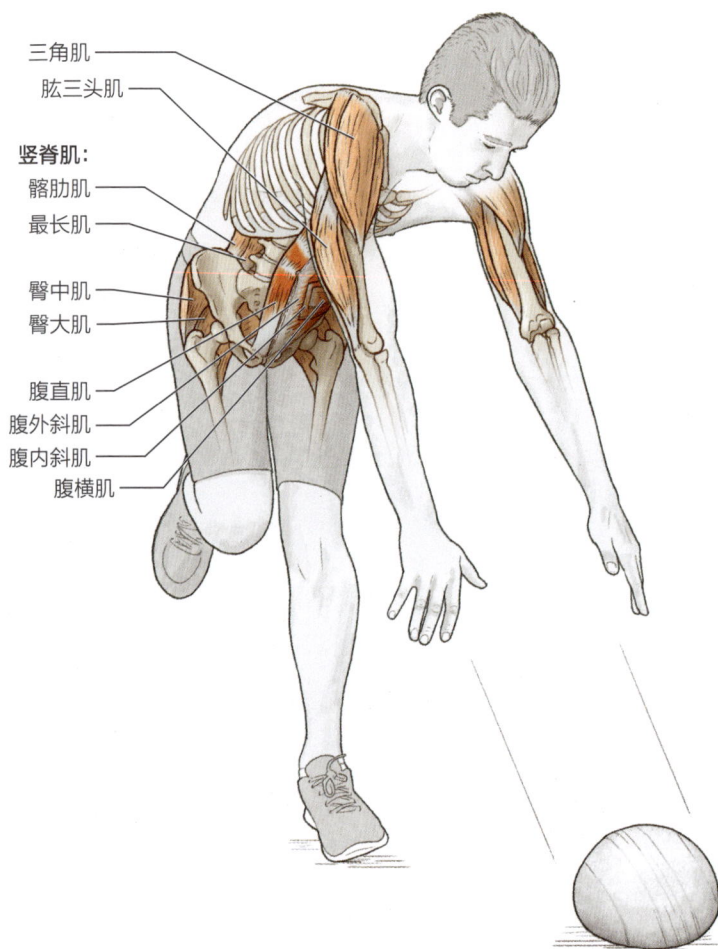

三角肌

肱三头肌

竖脊肌：

髂肋肌

最长肌

臀中肌

臀大肌

腹直肌

腹外斜肌

腹内斜肌

腹横肌

执行过程

1. 单脚站立，自由肢体的髋部和膝关节屈曲至90度。双手握住一个没有弹性的实心球，并将其放在头顶上方。
2. 转动躯干并将实心球向下扔到一条腿的外侧。
3. 单腿下蹲并捡起实心球，再次将它举到头顶上方。
4. 向下将实心球扔至另一侧。
5. 每侧都重复规定的次数。交换双腿。

涉及的肌肉

主要：腹直肌、腹横肌、腹内斜肌和腹外斜肌。

辅助：臀中肌、臀大肌、竖脊肌（髂肋肌、最长肌和棘肌）、三角肌和肱三头肌。

冰球关注点

在单腿站立的同时产生扭矩和旋转爆发力的能力在射门时极其重要。单腿站立并利用动作将能量从站立腿通过身体传递到手臂上的能力是产生射门速度的原因。当身体产生力量，然后将力量传递到球杆上，再传递到冰球上时，利用单腿保持平衡至为重要。

单腿波速球控球

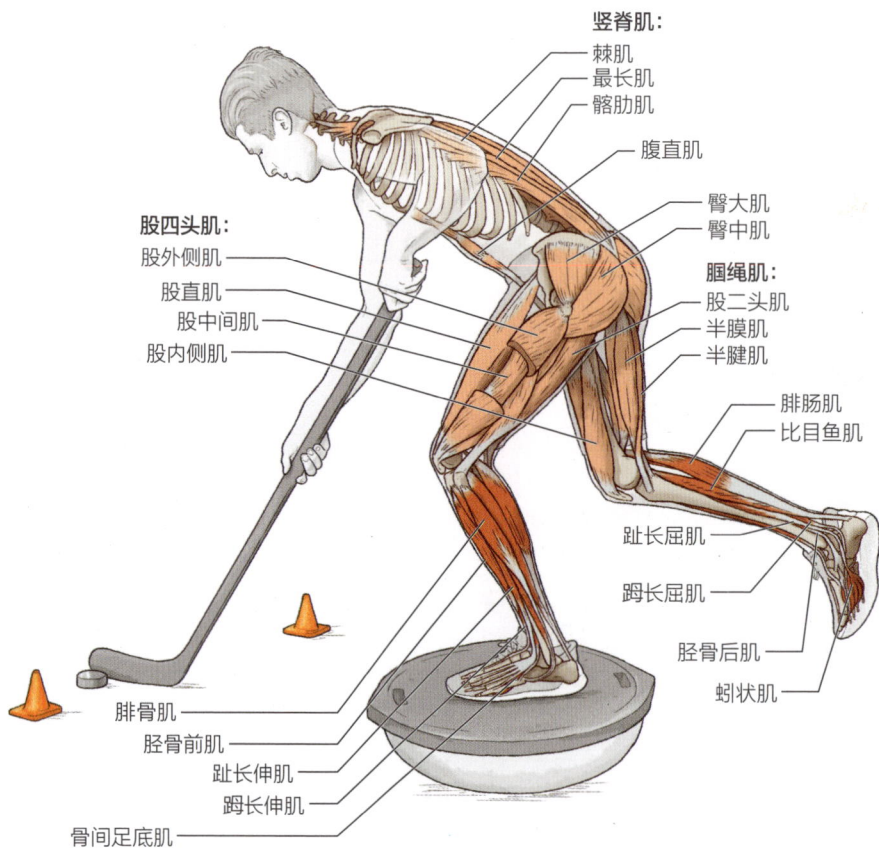

竖脊肌：
棘肌
最长肌
髂肋肌

腹直肌

臀大肌
臀中肌

腘绳肌：
股二头肌
半膜肌
半腱肌

腓肠肌
比目鱼肌

趾长屈肌

跨长屈肌

胫骨后肌
蚓状肌

股四头肌：
股外侧肌
股直肌
股中间肌
股内侧肌

腓骨肌
胫骨前肌
趾长伸肌
跨长伸肌
骨间足底肌

执行过程

1. 单腿微屈站在稳定性训练器（如波速球）的平面侧，保持平衡。利用自由腿维持平衡。
2. 同时，用冰球球杆绕过摆放在体前和体侧的锥筒操控皮球或冰球。
3. 按具体的方式或者随机绕过锥筒来移动皮球或冰球。
4. 执行规定的时间。交换双腿。

涉及的肌肉

主要：腓肠肌、比目鱼肌、胫骨前肌、蹈长伸肌、趾长伸肌、蹈长屈肌、趾长屈肌、胫骨后肌、腓骨肌、骨间足底肌和蚓状肌。

辅助：臀大肌、臀中肌、腘绳肌（半腱肌、半膜肌和股二头肌）、股四头肌（股直肌、股外侧肌、股内侧肌和股中间肌）、竖脊肌（髂肋肌、最长肌和棘肌）和腹直肌。

冰球关注点

在冰面上的任何情况下，所有运动员都需要能够一边控球、一边维持平衡和专注度以及抵抗外界不稳定性因素。有时候打冰球会用到两条腿，如在移动中打冰球，但是单腿滑冰、控球以及吸收和控制身体接触的情况也会经常出现。

变式

闭眼单腿波速球控球

闭上一只眼睛在稳定性训练器上执行单腿控球练习。

四点跪球

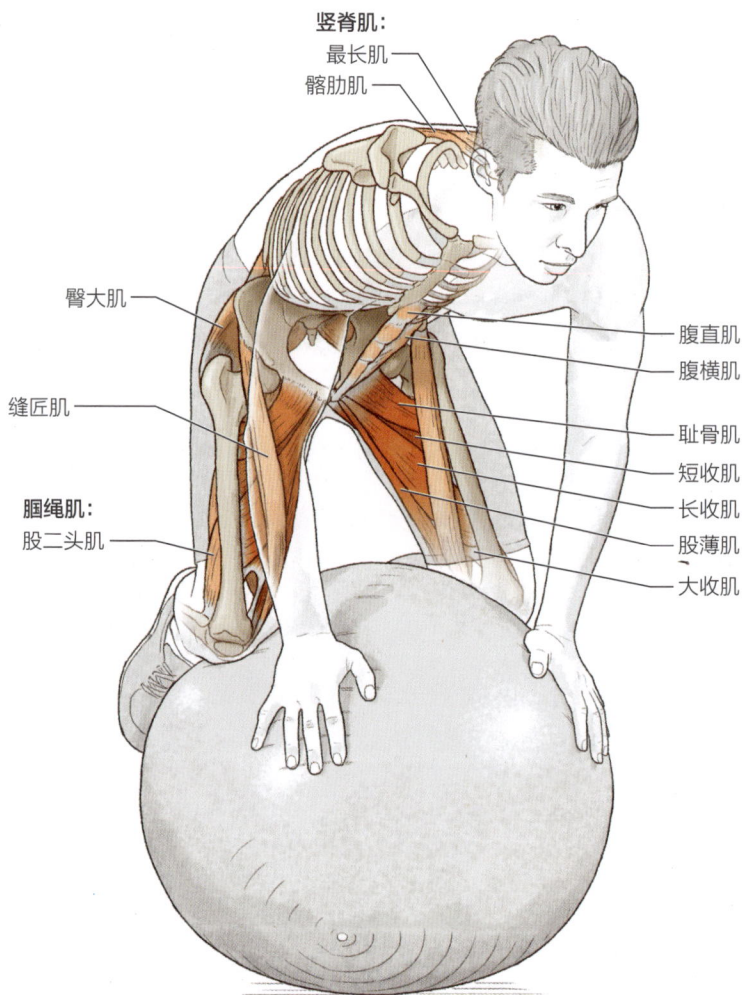

竖脊肌：
　最长肌
　髂肋肌

臀大肌

缝匠肌

腘绳肌：
　股二头肌

腹直肌

腹横肌

耻骨肌

短收肌

长收肌

股薄肌

大收肌

执行过程

1. 双手放在一个直径在55~77厘米的健身球上面。
2. 将一个膝关节放在健身球上面，位于双手后方。
3. 适应了该姿势之后，将另一个膝关节抬到健身球上面。双膝距离大约与肩同宽。
4. 以四点姿势跪在健身球上面保持平衡，达到规定的时间。
5. 如果你掉了下来，那么停止计时，并从停止计时的时刻起继续执行练习。
6. 健身球越大，该练习越简单。

涉及的肌肉

主要：大收肌、长收肌、短收肌、耻骨肌和股薄肌。

辅助：臀大肌、腘绳肌（半腱肌、半膜肌和股二头肌）、缝匠肌、竖脊肌（髂肋肌、最长肌和棘肌）、腹横肌和腹直肌。

冰球关注点

快速加速期间或者产生身体接触时保持身体协调与平衡可能颇具挑战性。在不稳定的环境中，核心、下半身和上半身需要共同协作，在滑冰的同时做出强势的表现。结合滑冰本身的需求，运动员可能需要闪避或冲撞其他运动员。在被冲撞或者争抢冰球时要维持动力，甚至在执行身体冲撞时都要维持动力。

变式

三点跪球

在以四点姿势跪于健身球上面保持平衡之后，一只手离开健身球。保持规定的时间。交换双手。

两点跪球

在以四点姿势跪于健身球上面保持平衡之后，双手离开健身球。挺起胸膛，与地面垂直。

两点跪球抛接

熟练了以两点跪球姿势保持平衡后，让同伴从不同的角度向你扔网球。接住网球，两手交替接球。能轻松接住网球后，让同伴向你扔加重实心球。

第 8 章

核心稳定性

　　打冰球的每个方面几乎都会用到核心肌群。腹部肌肉——腹内斜肌、腹外斜肌、腹横肌和腹直肌——是大多数人在考虑核心肌群时会想到的肌肉。然而，核心肌群还包括关键的背部肌肉（如竖脊肌、腰方肌和多裂肌）以及髋部肌群（如臀小肌、臀中肌和髂腰肌）。

核心肌群会在滑冰、交锋和冲撞时稳定上半身。它们还会通过在滑冰期间提供力量和速度来提供射门和助攻时所需的爆发力。滑冰时进行交叉步和变向需要激活核心肌群。守门员需要强有力并且训练有素的核心肌群，因为他们会经常用到核心肌群。守门员在维持预备姿势时会用到后侧核心肌群，在横向移动和举起手臂时会用到侧面核心肌群，在做蝶式防守姿势或者执行踢挡救球时会用到前侧核心肌群。

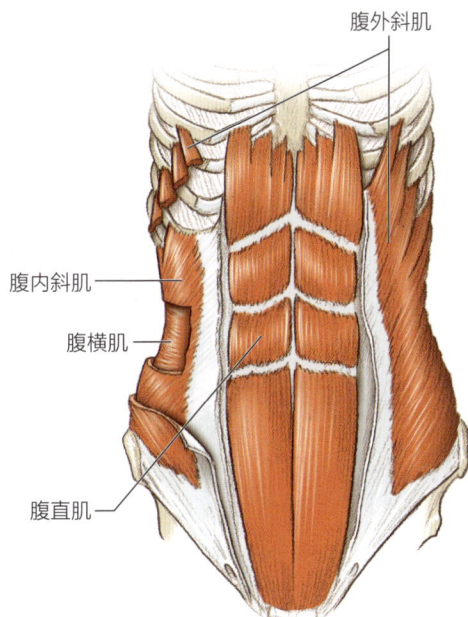

腹外斜肌

腹内斜肌

腹横肌

腹直肌

腹部肌肉

167

外展侧桥

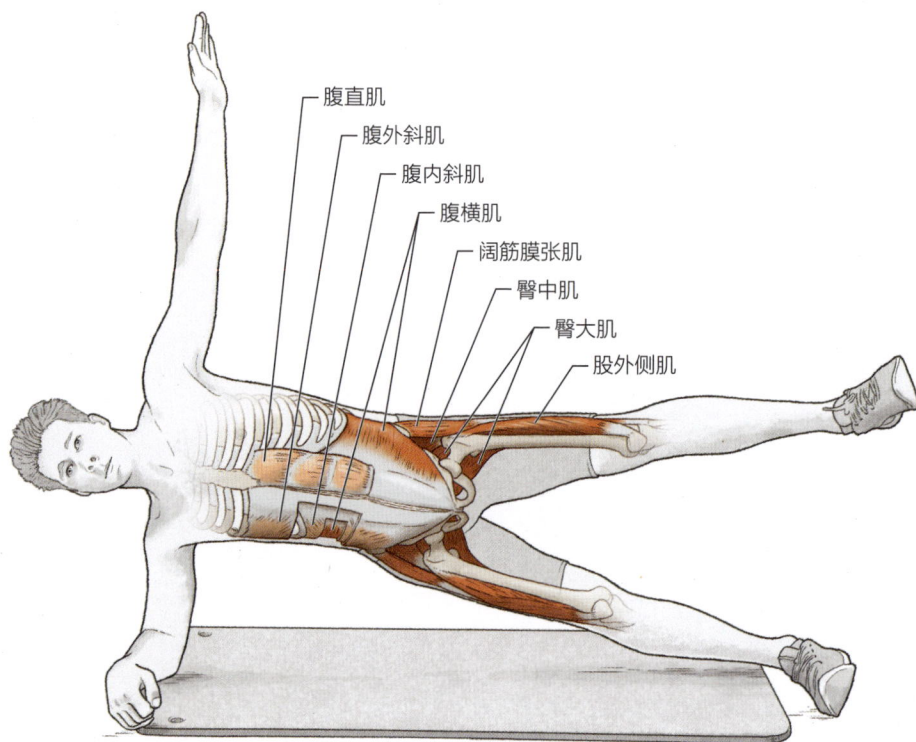

腹直肌

腹外斜肌

腹内斜肌

腹横肌

阔筋膜张肌

臀中肌

臀大肌

股外侧肌

执行过程

1. 将一侧前臂平放在地上，让其与身体垂直，肘部在肩膀的正下方这一侧手臂抬起。双脚叠在一起。前臂和底部脚的侧面撑地。
2. 抬起髋部，直到它们与身体的其余部分成一条直线。从头到脚跟应当成一条直线。顶部的肩关节不应该向前移动。
3. 抬起顶部的脚，保持腿部伸直。
4. 保持规定的时间或者执行规定重复次数的抬腿。交换两侧。

涉及的肌肉

主要：腹横肌、臀中肌、臀大肌、股外侧肌和阔筋膜张肌。

辅助：腹直肌、腹外斜肌和腹内斜肌。

冰球关注点

运动员可以用直臂执行侧桥来加强核心肌群侧面和肩关节的稳定性。肩关节稳定性对于吸收冲击、执行身体接触和抵挡对手来说很有必要。通过执行外展抬腿，我们在相对侧地练习和连接整个核心肌群。

变式

伸手侧桥

执行侧桥，双脚并拢。上侧的手臂从身体下方伸过，并且转动髋部。收回手臂，使其指向天花板。你可以在伸出的手中握一个重物。

弹力带前桥

三角肌前束
腹外斜肌
腹内斜肌
腹直肌

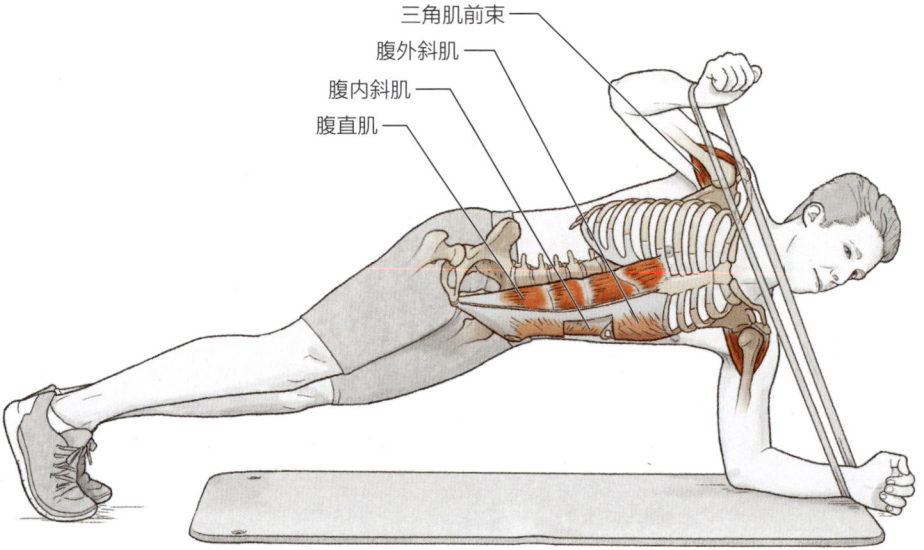

执行过程

1. 将弹力带套在两只手腕上。将两只前臂放在地上，让双肘位于肩膀正下方，并且双脚并拢。
2. 前臂和脚趾撑地来抬起身体，保持身体从头部到脚跟成一条直线。
3. 从该姿势开始，将一只手臂举到体侧。这只手臂的肘关节和肩关节都成90度夹角。旋转躯干。
4. 将手臂放回身体下方，回到起始姿势，然后向另一侧旋转躯干，举起另一只手臂。

涉及的肌肉

主要：腹直肌和三角肌前束。
辅助：腹内斜肌和腹外斜肌。

冰球关注点

该练习能培养运动员肩部稳定性和力量。冲向球网抢夺位置及与对手身体对抗需要执行该练习来开辟和获取空间。

变式

前桥抬髋

从前桥姿势开始，向后上方抬起髋部，并且伸展肩膀。回到起始姿势。

死虫动作变式

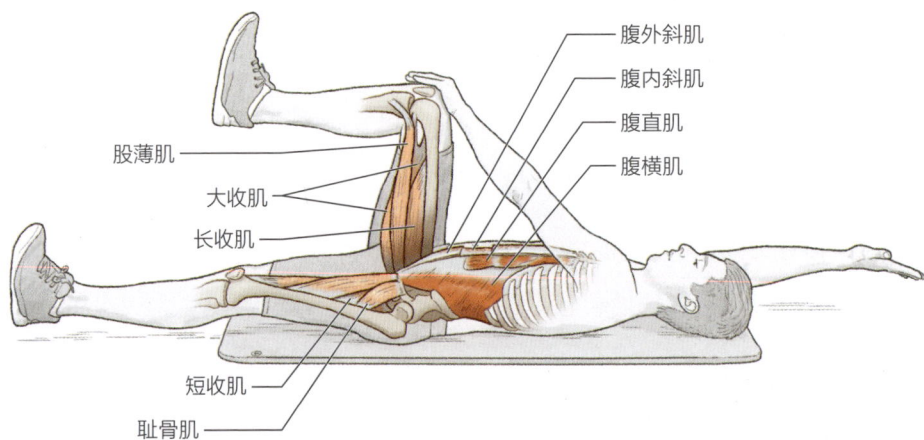

股薄肌

大收肌

长收肌

腹外斜肌

腹内斜肌

腹直肌

腹横肌

短收肌

耻骨肌

执行过程

1. 仰躺在地上，双膝和双髋都屈曲成90度角。

2. 将一条腿向前伸直，并且将对侧的手臂伸到头顶上方。

3. 同时，用另一只手压在屈曲的膝关节上面，并且用膝关节向后推手。保持2秒后松开。

4. 收紧腹部，并且保持腰部紧贴地面。

5. 交换两侧并持续进行该练习。每侧都执行规定的次数。

涉及的肌肉

主要：腹直肌和腹横肌。

辅助：腹外斜肌、腹内斜肌、大收肌、长收肌、短收肌、耻骨肌和股薄肌。

冰球关注点

许多冰球运动员的脊柱下段会过度内弯，此症状称作腰椎过度前凸，是由骨盆过度前倾引起的。该练习能锻炼核心肌群的深层和下部肌肉，从而减轻运动员腰部的压力并抵消骨盆的过度前倾。

变式

弹力带死虫动作

将一根橡皮筋绕着双脚的脚底和脚面固定。顶着橡皮筋的阻力执行死虫动作。

超人式扔实心球

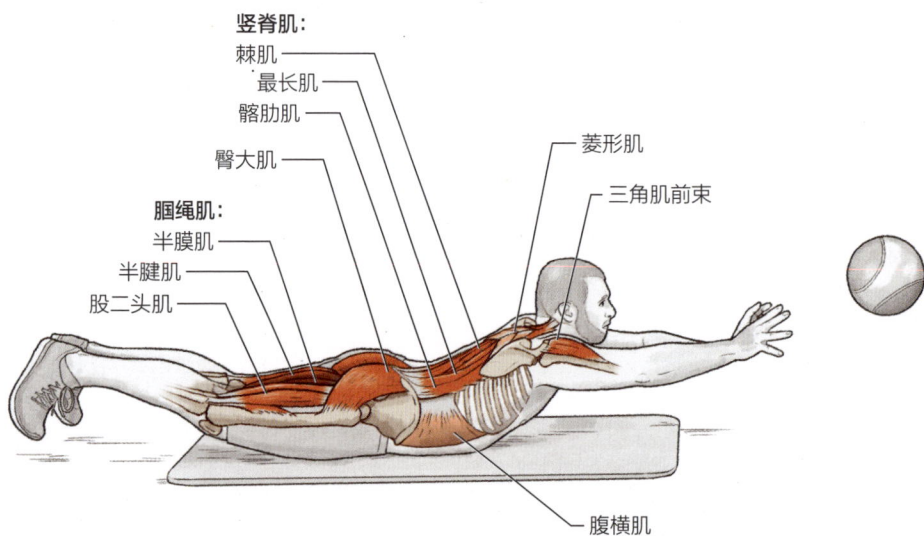

竖脊肌：
棘肌
最长肌
髂肋肌

菱形肌

臀大肌

三角肌前束

腘绳肌：
半膜肌
半腱肌
股二头肌

腹横肌

执行过程

1. 面朝下趴在地上，双腿伸直。用双手握住实心球放在下巴下方。
2. 抬起胸部和双腿。从下巴下方抛出实心球。
3. 尽力抬起胸部以将实心球尽可能向上抛远。
4. 让同伴将实心球滚回来。

涉及的肌肉

主要：三角肌前束、竖脊肌（髂肋肌、最长肌和棘肌）、臀大肌和腘绳肌（半腱肌、半膜肌和股二头肌）。

辅助：腹横肌和菱形肌。

冰球关注点

尽管冰球运动不是发生在头顶上方的运动，但是它确实需要上半身的爆发力来摆臂推进、射门和进行身体冲撞。该练习有助于培养运动员上半身的爆发力，并通过在抛掷的同时进行腰部收紧来增加力量。

变式

过顶超人式抛实心球

执行相同的动作，不过要像足球运动中掷界外球那样从头顶上方抛掷实心球。

超人式

面朝下趴在地上，双腿伸直，脚趾朝头部弯曲（背屈），并且双臂伸到头顶上方。同时抬起双臂和双腿，始终低头。

175

臀桥挤压

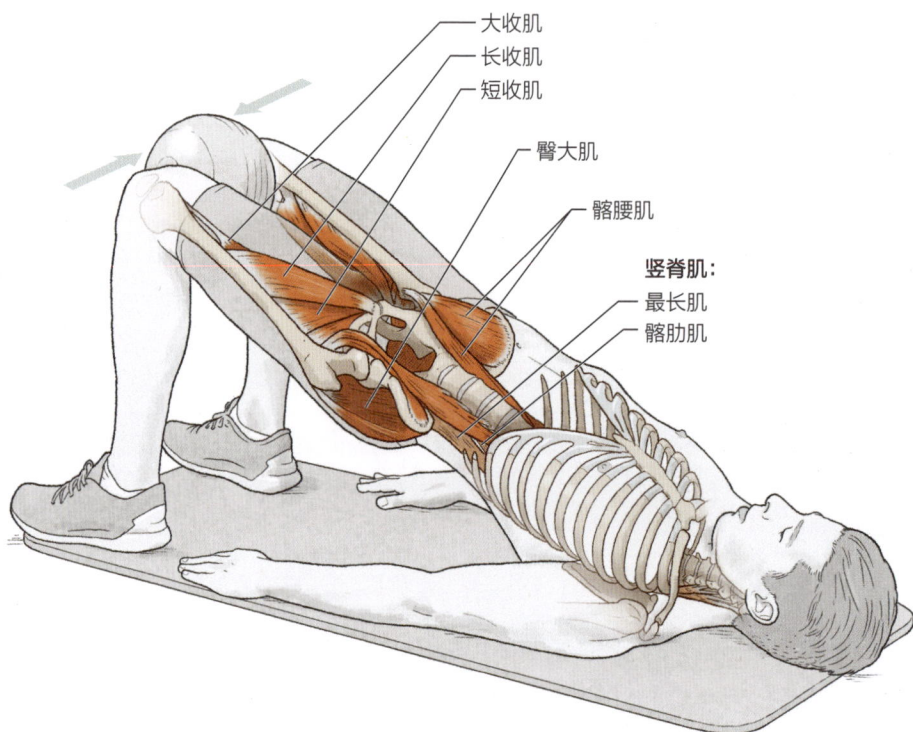

大收肌
长收肌
短收肌
臀大肌
髂腰肌

竖脊肌:
最长肌
髂肋肌

执行过程

1. 仰躺在地上，双腿弯曲，双脚平放在地上，位于双膝下方。将一个半径在6~10英寸（15~25厘米）的软球夹在双膝之间。
2. 抬起髋部，从下巴到膝关节形成一条直线。
3. 将球夹在双膝之间挤压。保持2秒后松开，球始终位于双膝之间。
4. 将髋部落回地面。
5. 臀桥和挤压动作重复规定的次数。

涉及的肌肉

主要：臀大肌、长收肌、大收肌、短收肌和髂腰肌。

辅助：竖脊肌（髂肋肌、最长肌和棘肌）。

冰球关注点

由于滑冰和射门动作对背部的要求，髋部通常会错位，这会引起代偿性的运动模式，而该模式可能会导致运动员受伤和低效。该练习解决了髋部的错位问题，并能够强化和稳定它们。

变式

保持性的臀桥挤压

在维持臀桥姿势的同时，挤压软球持续规定的时间。

鸟狗式

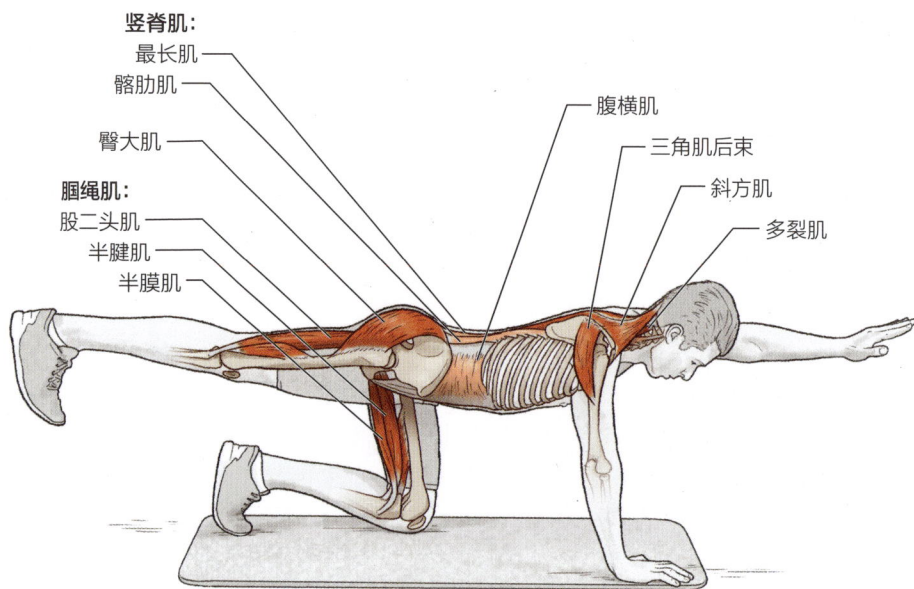

竖脊肌:
最长肌
髂肋肌

臀大肌

腘绳肌:
股二头肌
半腱肌
半膜肌

腹横肌

三角肌后束

斜方肌

多裂肌

执行过程

1. 四肢着地跪在地上，双膝位于髋部正下方，双手位于肩膀正下方。将头部保持在中立位置，使头顶到骶骨成一条直线。

2. 将一条腿向后伸展，并且脚趾朝头部弯曲（背屈）。将另一侧的手臂向前伸展，让身体从头部到脚跟成一条直线。

3. 保持该姿势规定的时间，然后将膝关节和手放回起始位置。

4. 在另一侧重复规定的时间。

涉及的肌肉

主要：臀大肌、腘绳肌（半腱肌、半膜肌和股二头肌）、多裂肌、三角肌后束和斜方肌。

辅助：腹横肌和竖脊肌（髂肋肌、最长肌和棘肌）。

冰球关注点

该练习会强化整个背部肌肉链。增强背部肌肉链有助于处在伸展状态的运动员在滑冰过程中推动身体时，能更加用力地蹬腿，并且可以将腿伸得更远。此外，该练习还有助于运动员沿着挡板阻挡对手以及在球网前面交锋时能发挥出色。

绳索或阻力带划大圈

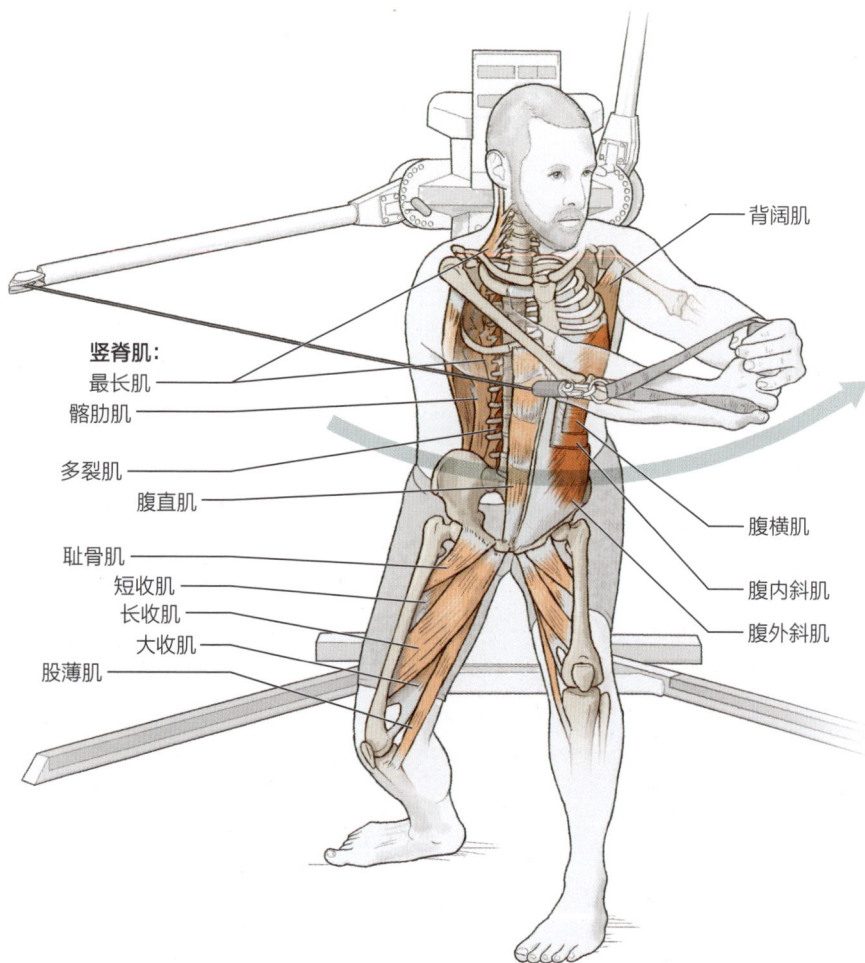

背阔肌

竖脊肌：
最长肌
髂肋肌

多裂肌

腹直肌

耻骨肌
短收肌
长收肌
大收肌

股薄肌

腹横肌

腹内斜肌

腹外斜肌

执行过程

1. 双脚分开与肩同宽挺身站立。双臂伸展握住一根水平的绳索或阻力带。双臂伸直拉住绳索或阻力带，使绳索或阻力带紧绷。
2. 沿顺时针方向从头顶上方开始拉动绳索或者阻力带，并持续划圈，保持双臂伸直，这样双臂会向下移动，并返回至起始位置。
3. 完成规定的重复次数，然后沿逆时针方向重复上述动作。
4. 在绳索或阻力带绕着身体沿圆弧划动的过程中，身体应当与圆弧一起上升和下降。双膝屈曲，但是要保持躯干挺直。

涉及的肌肉

主要：腹内斜肌、腹外斜肌、多裂肌和腹横肌。

辅助：腹直肌、竖脊肌（髂肋肌、最长肌和棘肌）、大收肌、长收肌、短收肌、耻骨肌、股薄肌和背阔肌。

冰球关注点

该练习需要运动时的稳定性，这是滑冰的一个关键特征。在双臂拉动阻力带，并且双膝屈曲、伸展的过程中，要保持身体核心稳固和挺直。练习时避免弓背。要刻意地移动并且控制绳索或阻力带。

风车式

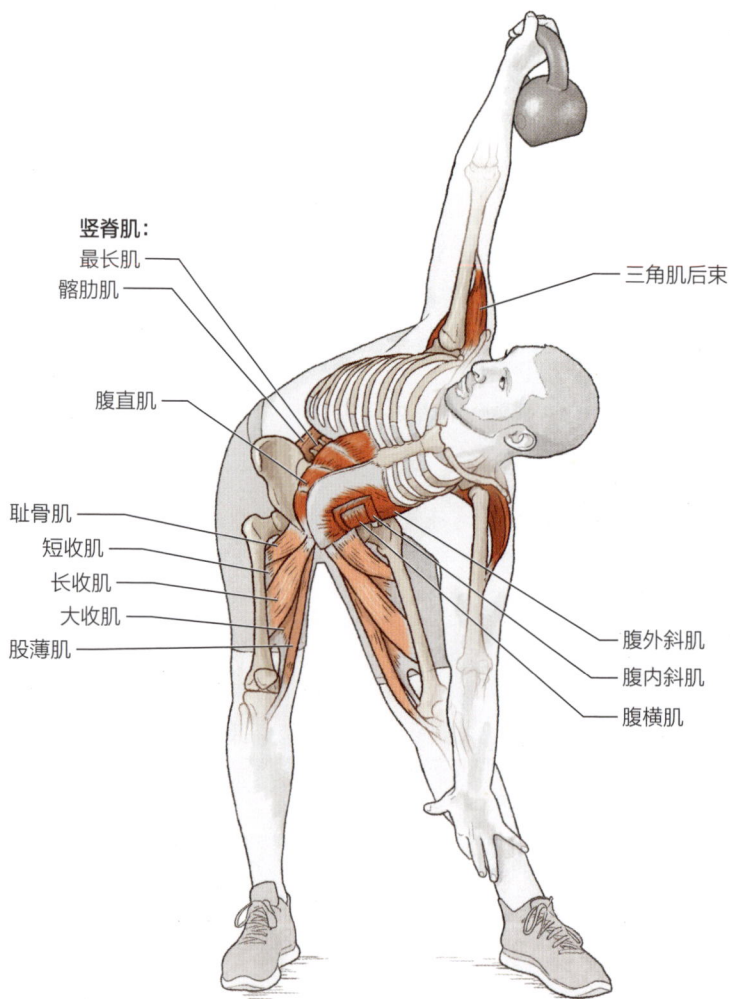

竖脊肌：
最长肌
髂肋肌

腹直肌

耻骨肌

短收肌

长收肌

大收肌

股薄肌

三角肌后束

腹外斜肌

腹内斜肌

腹横肌

执行过程

1. 双脚分开与肩同宽站立。一只手握住壶铃放在与肩同高处。用伸直的手臂将壶铃推举到头顶上方，并在练习的过程中将壶铃保持在头顶上方。

2. 自由手放在大腿内侧。非握壶铃侧的脚趾向外转45度角。

3. 为了移动，要将肩膀转向壶铃侧。将髋部向握壶铃侧推出，自由手沿着腿部向脚踝滑动。随着手的下移，躯干将自然地横向弯曲。

4. 自由手下移到肩膀和背部柔韧性所允许的程度，然后返回至直立姿势。

5. 在一侧执行规定的重复次数，然后交换至另一侧执行。

涉及的肌肉

主要：腹直肌、腹横肌、腹内斜肌、腹外斜肌和三角肌后束。

辅助：竖脊肌（髂肋肌、最长肌和棘肌）、大收肌、长收肌、短收肌、耻骨肌和股薄肌。

冰球关注点

许多冰球运动的动作，如射门和旋转，同时需要高水平的核心肌群柔韧性和扭矩以及髋部的灵活性。这是一个高级别的练习，因为它结合了许多冰球运动中的动作，并动员了全身肌肉。该练习是一个评估运动员运动模式的好方法。

变式

跪地壶铃风车

用举壶铃侧的腿跪地，并且保持另一条腿伸直，执行风车式练习。

消防栓式

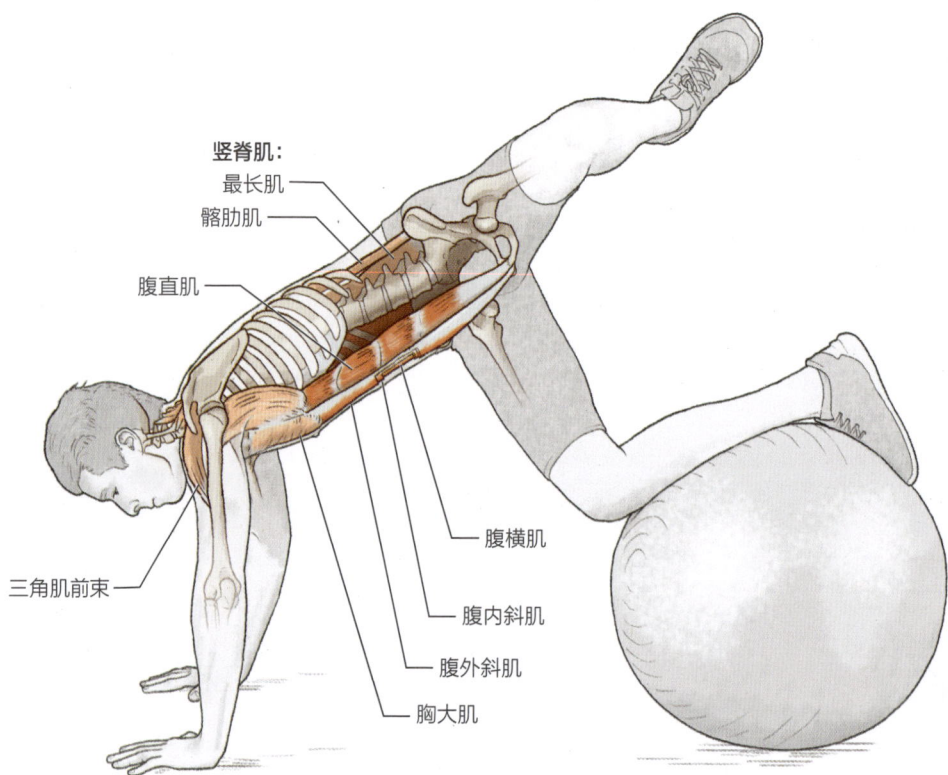

竖脊肌:
最长肌
髂肋肌
腹直肌

三角肌前束

腹横肌

腹内斜肌

腹外斜肌

胸大肌

执行过程

1. 摆出俯卧撑姿势，将胫部放在健身球上，双手撑在地上。通过抬起髋部并屈曲双膝来向内收球，使双膝位于髋部正下方，并且保持胫部始终在健身球上。
2. 将髋部旋转至一侧，同时将顶部腿抬离底部腿，向侧面打开身体。
3. 将髋部旋转回起始位置，让两侧胫部都放在健身球上。
4. 将髋部旋转至另一侧重复练习。

涉及的肌肉

主要：腹直肌、腹横肌、腹内斜肌和腹外斜肌。

辅助：多裂肌、竖脊肌（髂肋肌、最长肌和棘肌）、胸大肌和三角肌前束。

冰球关注点

在产生高水平力量和爆发力的射门过程中，髋部和腰部的灵活性与旋转极其重要。此外，当运动员沿着挡板争抢冰球时，争夺位置也需要力量和手段。该练习会改善运动员髋部与腰部的灵活性、旋转和力量，并且会提高其滑冰和旋转时打开髋部的能力。

半跪实心球挥砍动作

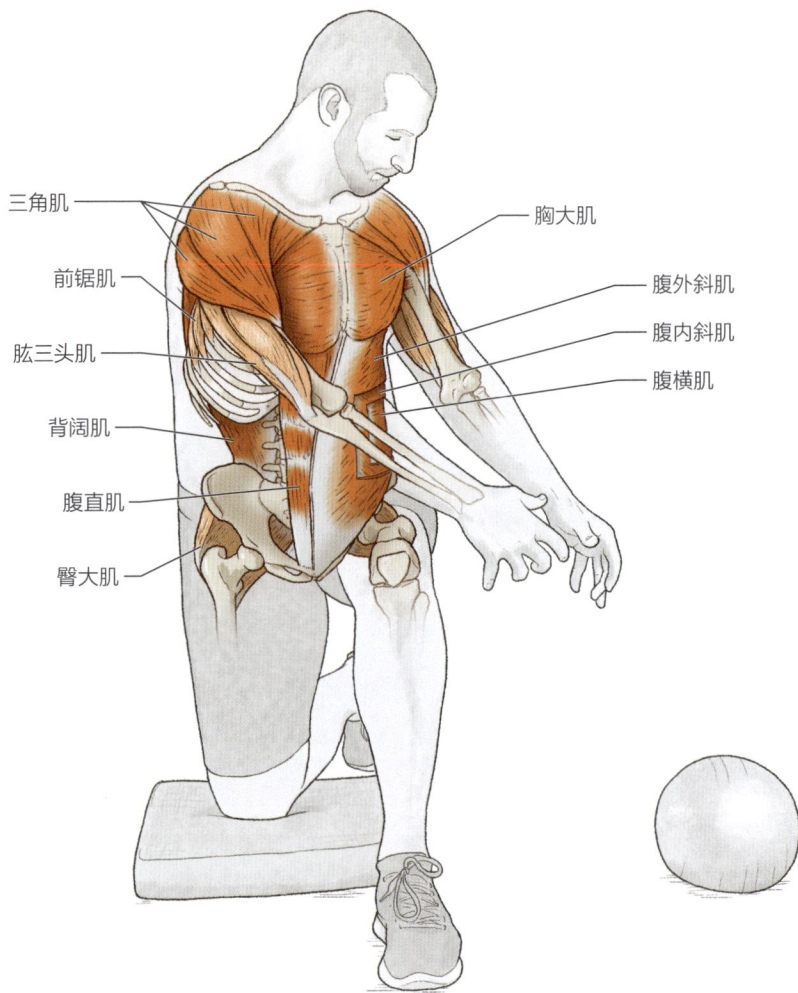

三角肌

前锯肌

肱三头肌

背阔肌

腹直肌

臀大肌

胸大肌

腹外斜肌

腹内斜肌

腹横肌

执行过程

1. 向前弓步，后腿跪在软垫上面，该腿的髋部和膝关节弯曲至90度，并且脚平放在地上。
2. 双手握住一个实心球，将它举到前腿膝关节对侧的肩膀上方。
3. 沿斜对角线旋转躯干和双臂，越过前腿膝关节将实心球扔到地上。
4. 如果靠近一面墙，那么将实心球斜对角地扔到地上，让实心球从地上弹起，弹到墙上，再弹回到你手里。或者让同伴将球扔回来。
5. 重复规定的次数并交换两侧。

涉及的肌肉

主要：腹直肌、腹内斜肌、腹外斜肌、背阔肌、三角肌和胸大肌。

辅助：肱三头肌、前锯肌和臀大肌。

冰球关注点

利用沿斜对角线旋转身体产生的对角力可以实现更强有力的射门。从该练习中用单腿支撑必然需要稳定性、力量和核心肌群的爆发力来执行有力的抛掷，这模仿了射门模式。

变式

挥砍替代做法

- 双膝跪地或者站立。
- 采用连接在支柱上的绳索或阻力带执行挥砍动作。

横向迈步拉拽

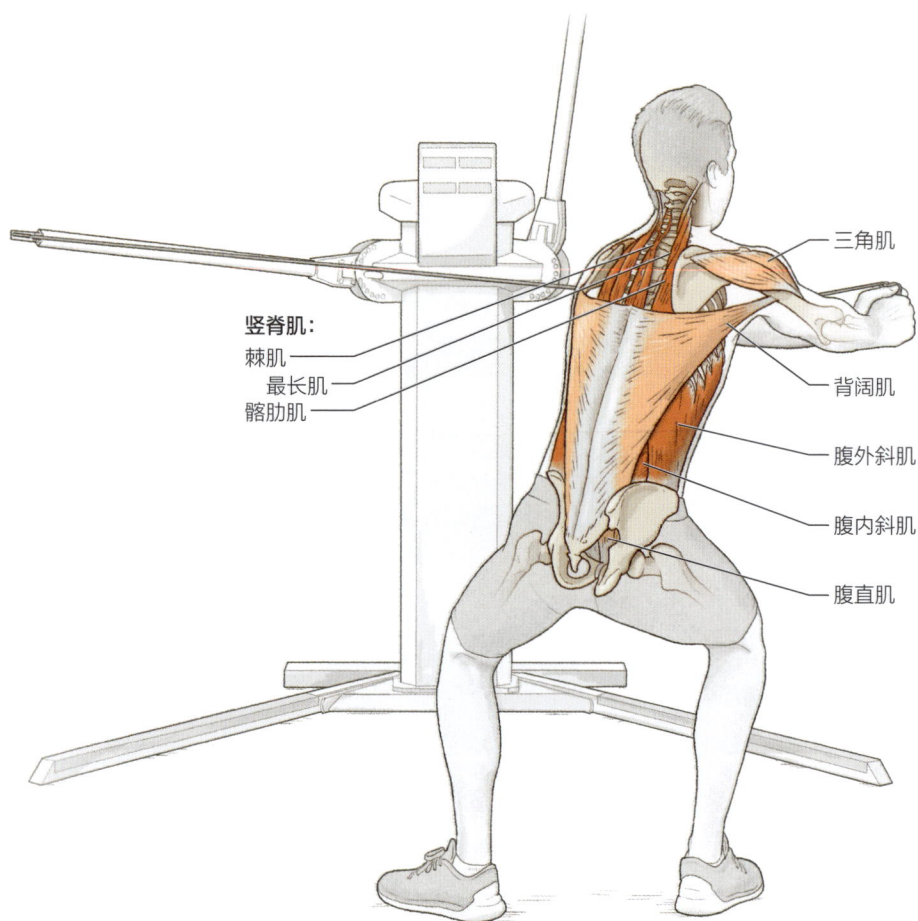

竖脊肌：
棘肌
最长肌
髂肋肌

三角肌

背阔肌

腹外斜肌

腹内斜肌

腹直肌

执行过程

1. 将一根绳索或者阻力带连接到支架上。双脚分开与肩同宽，面向支架，用双手拉紧绳索或阻力带，让它不松弛。
2. 另一只脚以45度角跨到后方，从而将髋部朝那一侧打开。同时，用双手将绳索或阻力带拉过身体，始终要保持双臂伸直。
3. 迈回起始位置，并收回绳索或阻力带。
4. 旋转至另一侧。
5. 重复规定的次数。

涉及的肌肉

主要：腹外斜肌、腹内斜肌和竖脊肌（髂肋肌、最长肌和棘肌）。
辅助：腹直肌、三角肌和背阔肌。

冰球关注点

防守人员防守自己的区域和对抗对手时，一边滑冰一边旋转的过程中打开身体是一种常见的模式。横向迈步拉拽会在涉及核心肌群与上半身的同时发展该运动模式。

变式

横向迈步与单臂拉拽

用一只手抓住绳索或阻力带。通过以45度角向后迈腿来朝着握绳索或阻力带的一侧打开髋部。同时，掌心朝向身体中心拉拽绳索或阻力带，使得拳头的后部向后拉拽提供推力。一直用伸直的手臂拉至身体一侧。迈回中心起始位置，并在一侧执行完所有的重复次数，再换至另一侧。

健身球俯卧撑侧踢腿

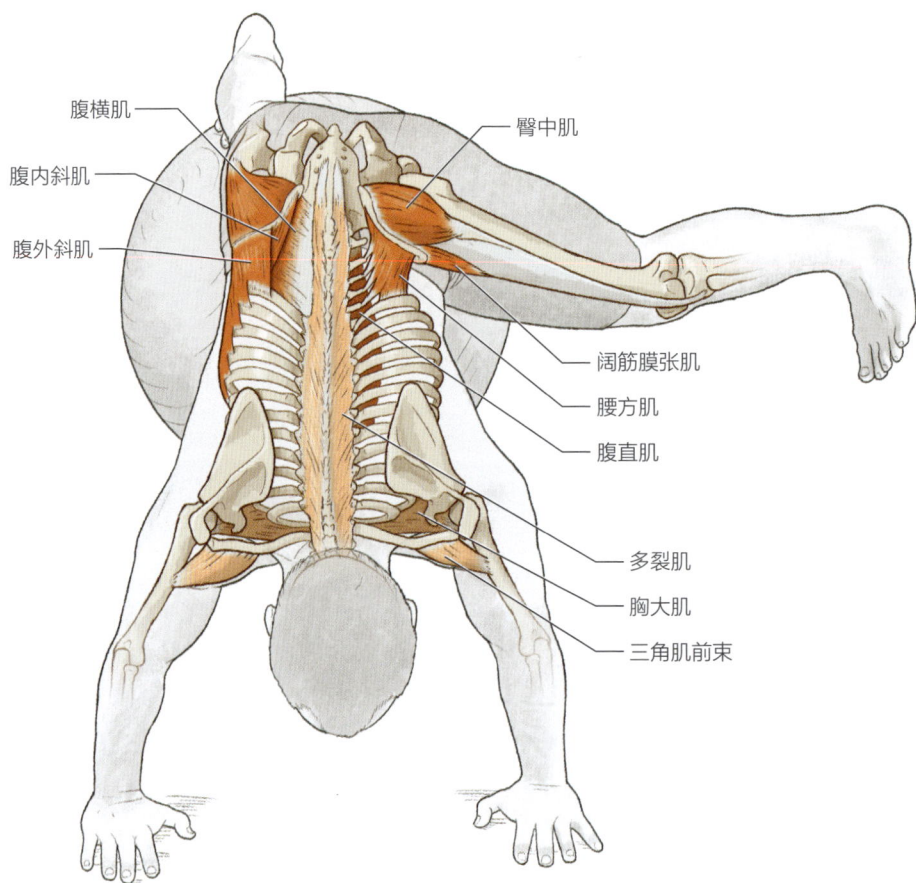

腹横肌

腹内斜肌

腹外斜肌

臀中肌

阔筋膜张肌

腰方肌

腹直肌

多裂肌

胸大肌

三角肌前束

执行过程

1. 将脚趾放在健身球上，双手放在地面上，摆出下斜俯卧撑姿势。
2. 将一只脚抬离健身球。该侧腿部伸直，将脚趾移向同侧的手臂。
3. 将腿收回并将脚趾放在健身球上。
4. 在另一侧重复。每侧都完成规定的次数。

涉及的肌肉

主要：腹直肌、腹横肌、腹内斜肌、腹外斜肌、阔筋膜张肌、腰方肌和臀中肌。

辅助：多裂肌、胸大肌和三角肌前束。

冰球关注点

该练习需要强大的髋部动态灵活性和局部力量，外加上半身的稳定性。执行该练习能培养运动员更出色的冰鞋力量和更强的握杆力量。当考虑到在冰面上可能会经历的困难姿势时，该能力就会显得很重要。这是在被推搡或者被拉拽时保持平衡和稳定的能力，它会带来更出色的发挥。

变式

前臂健身球俯卧撑侧踢腿

执行相同的动作，不过要将前臂放在地面上而不是双手。

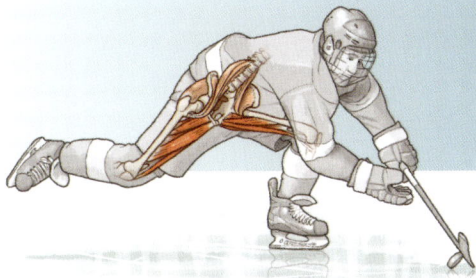

第 **9** 章

运动损伤康复

伤病在冲撞性的体育运动（如冰球运动）中很常见。当场地表面和边界状况像冰面和冰球挡板那样难以应付，并且运动员和冰球都在以特别快的速度运动时，不出现伤病才会令人吃惊。决心、专注和努力有助于运动员在冰球运动中取得成功，但是这些特质需要在出现伤病之后用耐心加以淬炼。运动员们需要明智地对待康复，并且要在限制范围内进行练习，这样才能成功地重返比赛并且预防未来的伤病。

冰球运动中最常见的急性伤病为手脚骨折、撕裂伤、内侧副韧带撕裂、前十字韧带撕裂、半月板撕裂、肩锁关节分离和肩膀脱臼。冰球运动中最常见的慢性伤病包括关节盂上唇损伤、旋转肌撕裂或疼痛、手腕舟月骨韧带撕裂、手腕三角纤维软骨撕裂、髋关节盂上唇撕裂、腹股沟疝（运动疝）和慢性半月板撕裂。不论伤病是急性还是慢性，在整个恢复过程中，冰球运动员都应当接受合格医疗人员、治疗师和运动训练人员的照料。

193

肩膀的受控关节旋转

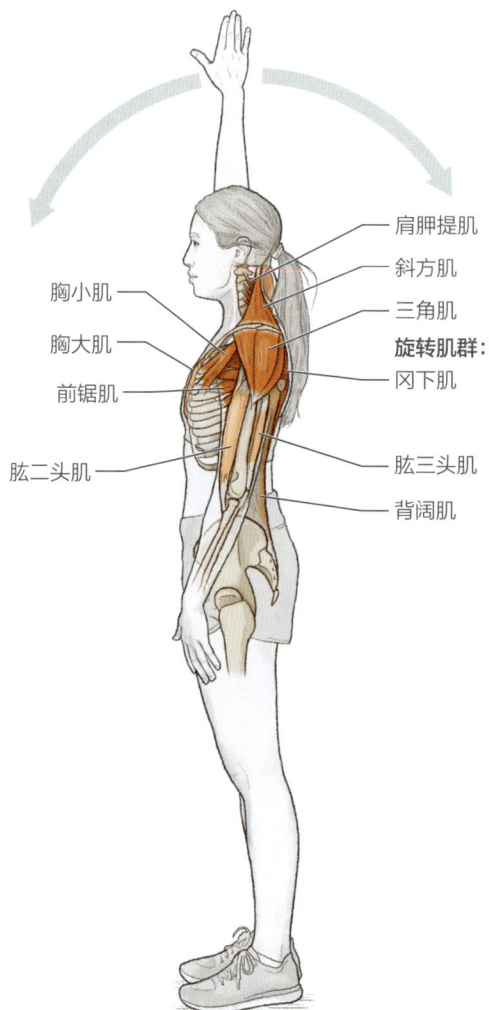

胸小肌

胸大肌

前锯肌

肱二头肌

肩胛提肌

斜方肌

三角肌

旋转肌群：

冈下肌

肱三头肌

背阔肌

执行过程

1. 站在一面墙的旁边，双臂垂在身体两侧。绷紧全身来孤立紧邻墙壁的肩关节。紧邻墙壁的手臂是练习臂。

2. 练习臂的大拇指朝上，通过向前上方伸手来伸出肩关节，并且保持手臂伸直。

3. 当你无法向后伸手时，旋转肩关节和手，让掌心转向地面。

4. 持续向后伸手，并尽可能远地收紧肩胛骨。

5. 持续让肩关节绕圈旋转，直到手到达髋部，并且大拇指朝上为止。

6. 反向运动回到起始位置。

7. 一只手臂重复规定的次数，然后换手练习。

涉及的肌肉

主要：三角肌、前锯肌、胸小肌、斜方肌、菱形肌、肩胛提肌和旋转肌（小圆肌、冈下肌、冈上肌和肩胛下肌）。

辅助：背阔肌、肱二头肌、胸大肌和肱三头肌。

冰球关注点

该练习会伸展和激活整个肩关节来增大活动范围，对于守门员在接球和拦球时很有用。此外，它还可以让运动员有更强大的后背且在完成射门后进行的向前运动有更大的活动范围。

195

胸桥

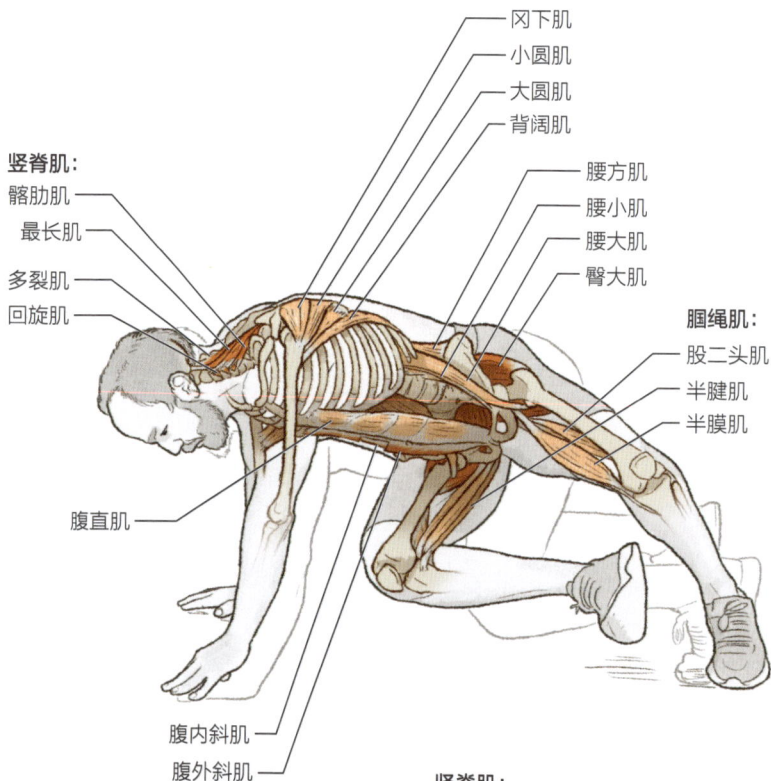

冈下肌
小圆肌
大圆肌
背阔肌
腰方肌
腰小肌
腰大肌
臀大肌

竖脊肌:
髂肋肌
最长肌
多裂肌
回旋肌

腘绳肌:
股二头肌
半腱肌
半膜肌

腹直肌

腹内斜肌
腹外斜肌

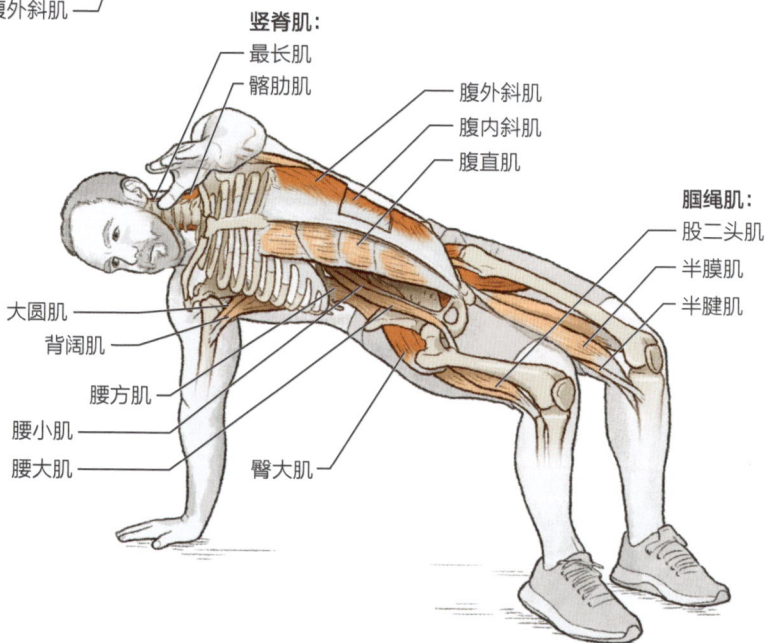

竖脊肌:
最长肌
髂肋肌

腹外斜肌
腹内斜肌
腹直肌

腘绳肌:
股二头肌
半膜肌
半腱肌

大圆肌
背阔肌
腰方肌
腰小肌
腰大肌

臀大肌

196

执行过程

1. 四肢跪地，双肘位于肩膀下方，双膝位于髋部下方。将双膝抬离地面，利用双手和脚趾保持平衡。
2. 将左手和右脚抬离地面。
3. 通过将右膝从身体下方移向左侧的方式旋转身体。左臂笔直地伸至左侧。
4. 当右膝完全经过身体时，右脚用力蹬在地上，从而将髋部向上顶起。
5. 在将髋部抬得尽可能高的过程中，左臂伸出，并旋转躯干上部来增大活动范围。髋部应当抬起，并且手臂尽可能用力和尽可能伸远。在顶部位置保持2~4秒。
6. 缓慢地反向运动回到起始姿势。重复，换右侧练习。

涉及的肌肉

主要：竖脊肌（髂肋肌、最长肌和棘肌）、腹外斜肌、腹内斜肌、多裂肌、回旋肌和臀大肌。

辅助：腰方肌、背阔肌、腰大肌、腰小肌、腹直肌、腘绳肌（半腱肌、半膜肌和股二头肌）、冈下肌、小圆肌和大圆肌。

冰球关注点

该练习需要肩关节和骨盆的稳定性，并且会增大肩关节和胸椎的活动范围。该练习会扩大整个躯干的旋转活动范围并且会调动臀肌来支撑胸桥。这对滑冰、旋转和射门都将有所帮助。

阻力带外旋

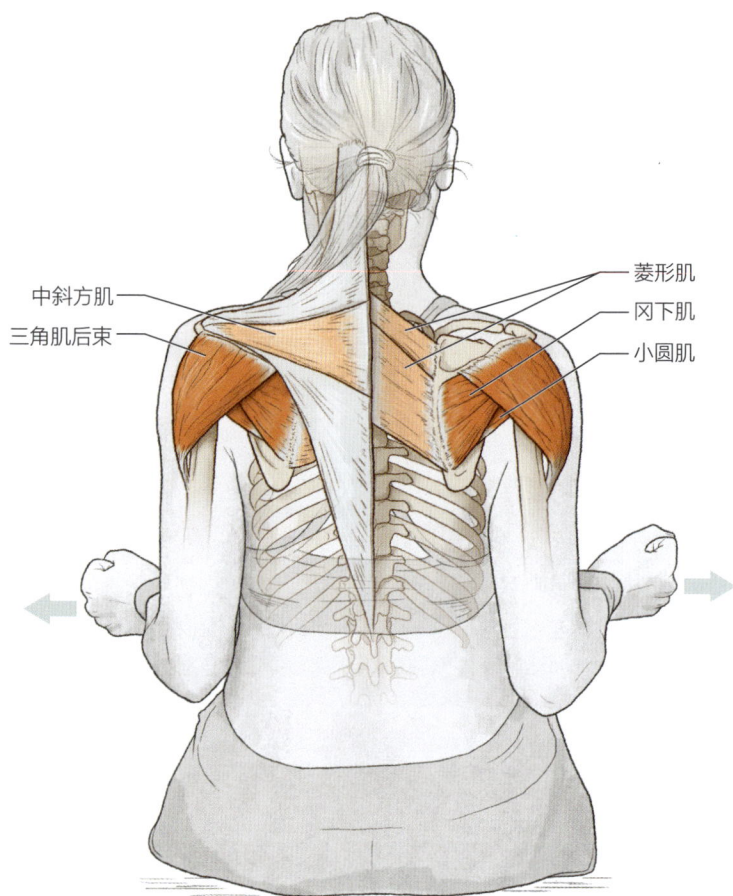

中斜方肌

三角肌后束

菱形肌

冈下肌

小圆肌

执行过程

1. 将阻力带套在手腕上，双手分别抓住带子的两端。
2. 肩关节和背部靠墙坐定或者站定。如果坐着，那么双腿要笔直地伸在体前。将双肘屈曲成90度角。
3. 上臂与地面平行。
4. 双肘紧靠着身体，并且以一种可控的运动尽可能远地分开两只手腕。
5. 当阻力带无法再拉长时，再次利用可控的运动返回至起始姿势。
6. 重复规定的次数。

涉及的肌肉

主要：三角肌后束、冈下肌和小圆肌。

辅助：中斜方肌和菱形肌。

冰球关注点

该练习会培养肩膀后部的力量，以稳定肩膀，并且对用力地击打冰球和保持球杆稳定性有所贡献。此外，强壮的肩膀后部对于身体冲撞和吸收来自正面、背面及侧面的力量很重要。这有助于防止移位，并且在执行身体冲撞或者反击时提供更多的力量和稳定性。

变式

拉开阻力带

采用一根宽0.5~1英寸（1.3~2.5厘米）的长阻力带。用与肩同宽的握距抓住阻力带，始终都要保持阻力带上面的张力。用伸直的双臂拉伸阻力带。让阻力带返回至起始位置，期间不允许其变松弛。执行该练习时，你还可以将阻力带拉到头顶上方，往肩关节后下方移动。

反弹抬肩

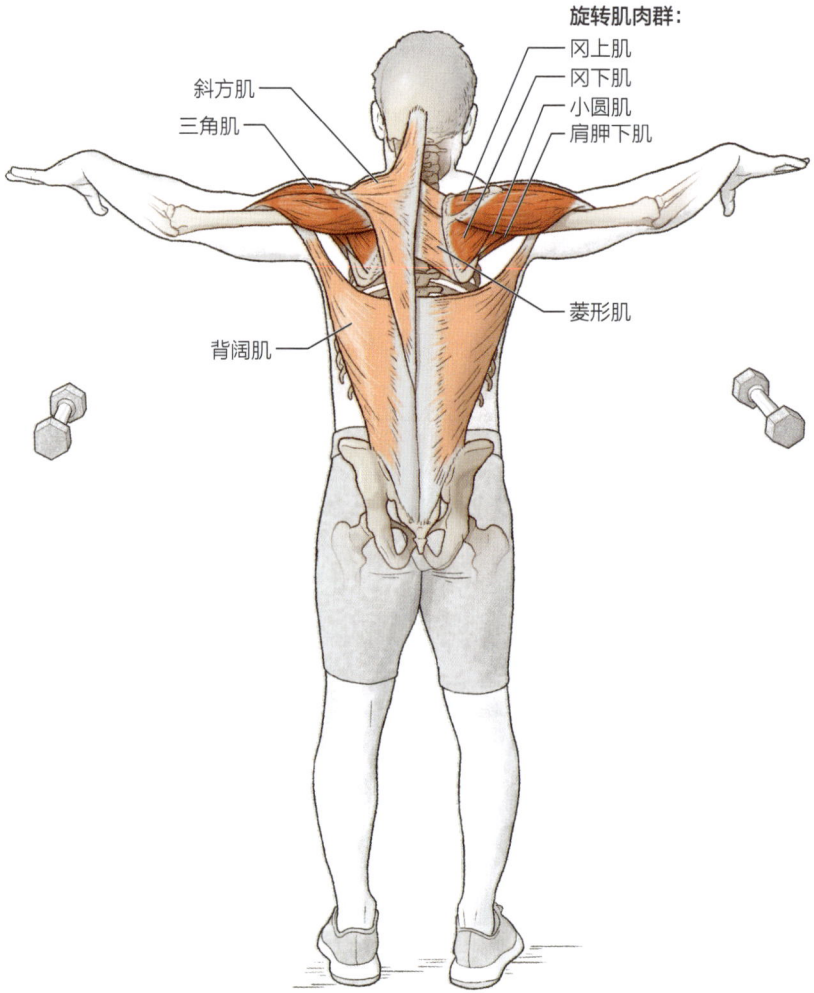

旋转肌肉群：
冈上肌
冈下肌
小圆肌
肩胛下肌

斜方肌
三角肌

菱形肌

背阔肌

执行过程

1. 执行反弹抬肩时，你可以坐着或者站着，可以用双臂或者用一只手臂执行。

2. 抓住一对2~5磅（1~2.3千克）的哑铃。

3. 将双臂平举到身体前侧45度角方向。或者，从胸口朝下的俯身姿势开始，将双臂平举至头顶上方、侧面或者在体前倾斜。

4. 从顶部位置丢开哑铃。

5. 一松开哑铃就向下伸手用正握握法去接哑铃。不要让哑铃到达地面。

6. 一接住哑铃就尽快将它提回到起始位置。

7. 在顶部位置停顿片刻，然后重复规定的次数。

涉及的肌肉

主要：三角肌和旋转肌群（小圆肌、冈下肌、冈上肌和肩胛下肌）。

辅助：菱形肌、斜方肌和背阔肌。

冰球关注点

由该练习培养出的响应性可以让运动员快速地发力和减力。在身体冲撞以及在接传急球时，瞬时收缩和放松肩膀的能力有助于稳定肩膀以吸收冲击。当撞开运动员以及处在争夺位置或者争抢球权时这种能力很重要。

等长器材十字支撑

三角肌前束

肱二头肌

胸大肌

胸小肌

执行过程

1. 面向起蹲架或者门口站定。
2. 将双臂伸直放于身体两侧的肩膀高度处。
3. 将前臂靠在立柱或者门框上面。
4. 将双脚挪离起蹲架或者门口，并且向前倾斜身体，使身体成一条直线。
5. 保持姿势规定的时间。

涉及的肌肉

主要：胸大肌和胸小肌。

辅助：三角肌前束和肱二头肌。

冰球关注点

冰球运动通常会涉及向侧面伸手的同时面向前方的情况。该练习会增大活动范围，因此会增加用于强打的扭矩潜势以及向侧面伸手时的稳定性。

布莱克本式

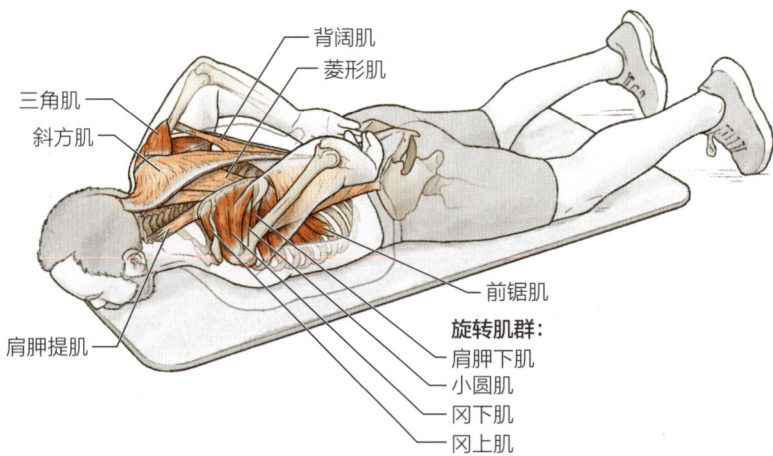

- 背阔肌
- 菱形肌
- 三角肌
- 斜方肌
- 前锯肌
- **旋转肌群:**
- 肩胛下肌
- 小圆肌
- 冈下肌
- 冈上肌
- 肩胛提肌

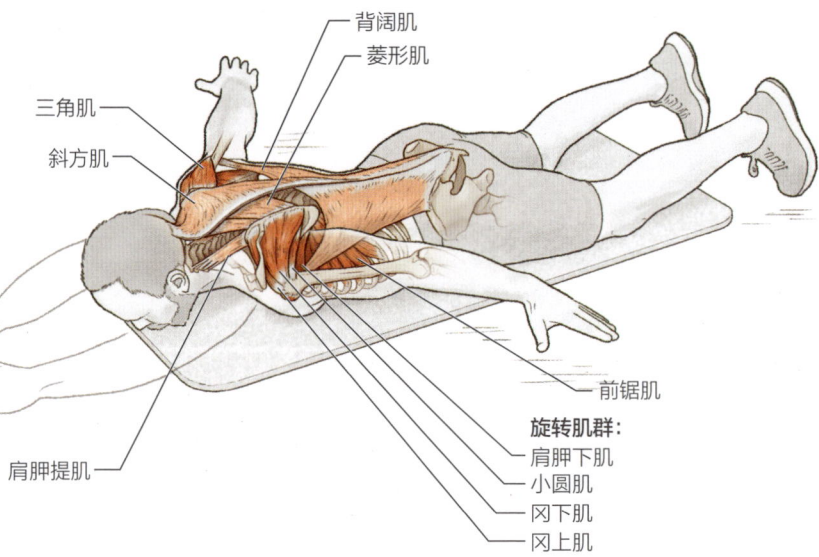

- 背阔肌
- 菱形肌
- 三角肌
- 斜方肌
- 前锯肌
- **旋转肌群:**
- 肩胛下肌
- 小圆肌
- 冈下肌
- 冈上肌
- 肩胛提肌

执行过程

1. 面朝下趴在地上，双手在腰部后面握在一起。

2. 用力朝地面下压双肘。

3. 尽可能高地将双肘举向天花板。

4. 双手松开。

5. 将双臂伸至体侧，再伸到头顶上方，始终都要保持双臂离开地面，直到双手接触为止。

6. 放下双臂，并且重新在腰部后面握住双手。重复规定的次数。

涉及的肌肉

主要：旋转肌群（小圆肌、冈下肌、冈上肌和肩胛下肌）、三角肌和前锯肌。

辅助：菱形肌、背阔肌、肩胛提肌和斜方肌。

冰球关注点

当在冰面上摔倒和避开对手以占据位置或者保护控球权时，较大的活动范围和较强的稳定性对避免伤病很关键。这套完整的动作会强化和伸展整个肩胛带。

运动损伤康复

205

阻力带髋部内外旋

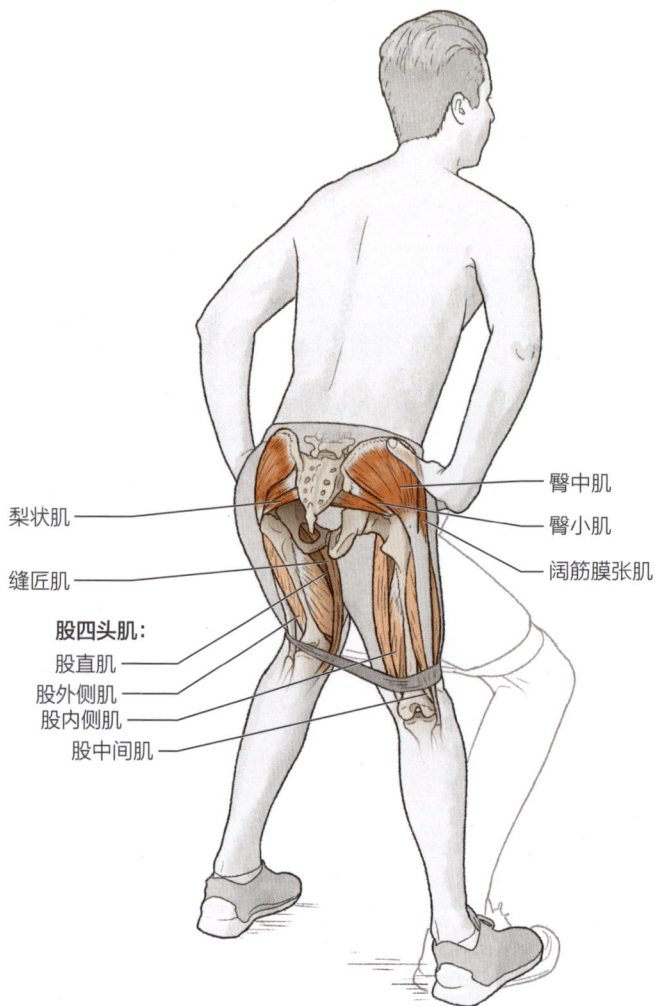

梨状肌

缝匠肌

股四头肌:

股直肌

股外侧肌

股内侧肌

股中间肌

臀中肌

臀小肌

阔筋膜张肌

执行过程

1. 站定并将阻力带套在双膝的上方。
2. 双脚分开与肩同宽，下蹲至微蹲姿势。
3. 双脚尽可能地放平，将一侧膝关节朝身体中线转动。
4. 将同一侧膝关节转至身体外侧。
5. 重复规定的次数。
6. 先执行一侧，接着执行另一侧，然后同时执行两侧。

涉及的肌肉

主要：臀中肌、臀小肌、阔筋膜张肌和梨状肌。

辅助：股四头肌（股直肌、股外侧肌、股内侧肌和股中间肌）和缝匠肌。

冰球关注点

跨步的爆发力来源于髋部的有力伸展。该练习专注于锻炼产生爆发力的肌肉和保持髋部稳定的肌肉。当运动员滑冰或者守门员蹬地来防守门区的各个位置时，加速效果将会得到最大化。

变式

阻力带横向行走

将阻力带套在膝关节或者脚踝上，或者二者上面皆套阻力带。伸直腿或者下蹲至微蹲姿势站定。横向行走，始终保持阻力带上面的张力。在收脚时不要让双脚并拢。行走规定的距离或者重复规定的次数，然后朝另一个方向行走。

阻力带圆弧

将阻力带套在膝关节或者脚踝上，或者二者上面皆套阻力带。双脚分开与肩同宽，面向前方。将一只脚移向身体中线，然后抬起，并沿行走方向斜向伸出。脚应该在空中划一个C形。在另一侧重复。每侧重复规定的次数或者持续行走规定的距离。向后走，重复该练习。

高低行走

套着阻力带执行横向行走，但是前脚（离行走方向最近的脚）抬得要比后脚高。横向行走，一只脚始终都要抬得高于另一只脚。朝另一个方向重复。

仰卧甩腿

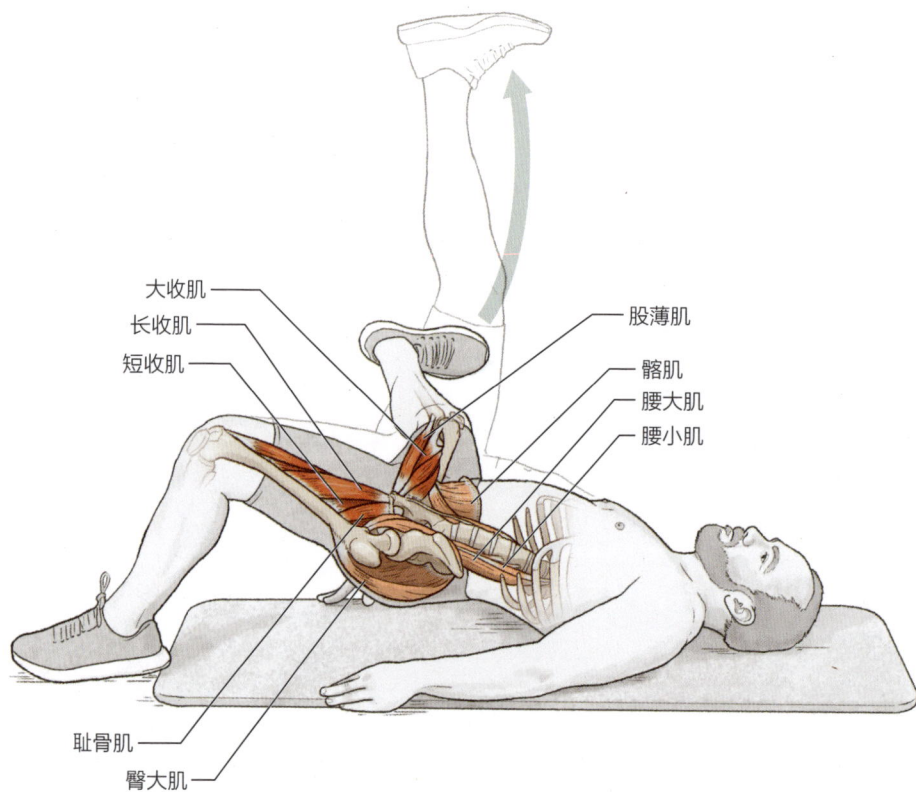

大收肌

长收肌

短收肌

股薄肌

髂肌

腰大肌

腰小肌

耻骨肌

臀大肌

执行过程

1. 仰卧在地上，双膝屈曲，双脚平放在地上。

2. 将一只脚抬离地面，并朝着天花板伸直。

3. 尽可能高地抬起髋部，用支撑腿蹬离地面，再将该侧脚牢牢地踩在地上。

4. 将抬起的腿缓慢地降低至侧面，从而让它与髋部横向成一条直线。

5. 在腿快要接触地面时，将其猛地甩到中间。

6. 保持髋部高抬。不要将髋部旋转至腿落下的那一侧。

7. 甩动腿尽可能地伸直。

8. 执行规定的重复次数，然后换另一条腿。

涉及的肌肉

主要：大收肌、长收肌、短收肌、耻骨肌和股薄肌。

辅助：臀大肌、腰大肌、腰小肌和髂肌。

冰球关注点

滑冰跨步过程中的复位能力主要通过调动内收肌发挥作用。强壮的内收肌能使运动员迅速、有力地将伸出的腿收回至身体下方，然后再蹬离地面并推进至下一个跨步。外展肌和内收肌应当保持平衡来防止腹股沟和下腹拉伤。

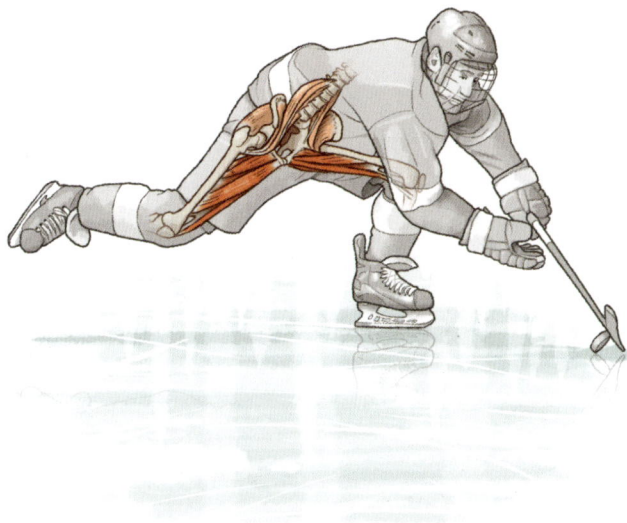

伸手T字平衡摸锥筒

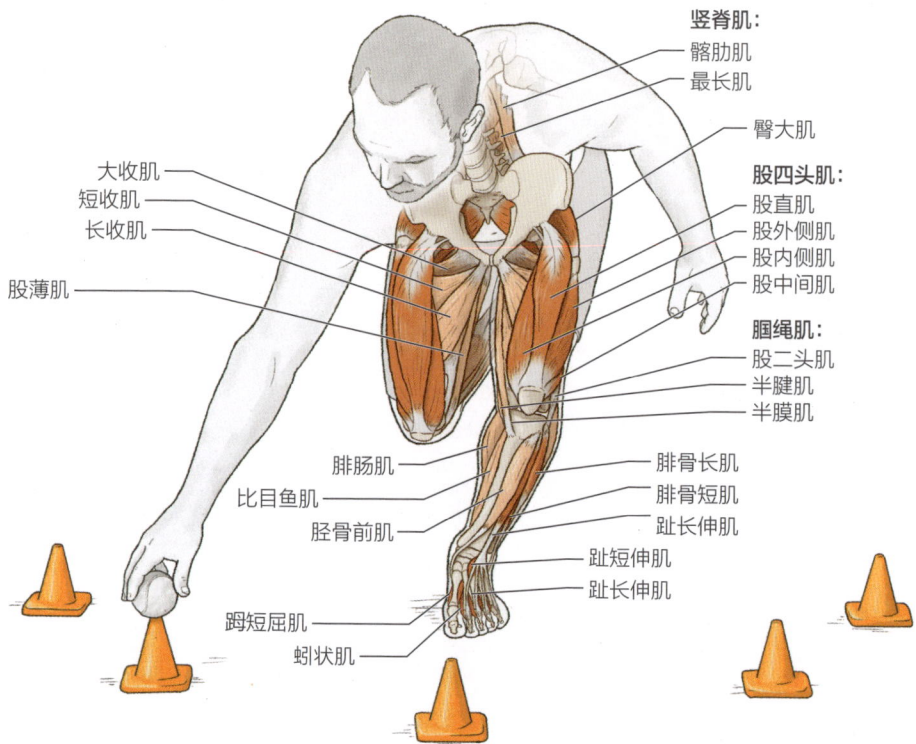

大收肌
短收肌
长收肌
股薄肌

竖脊肌：
髂肋肌
最长肌
臀大肌

股四头肌：
股直肌
股外侧肌
股内侧肌
股中间肌

腘绳肌：
股二头肌
半腱肌
半膜肌

腓肠肌
比目鱼肌
胫骨前肌

腓骨长肌
腓骨短肌
趾长伸肌

趾短伸肌
趾长伸肌

踇短屈肌
蚓状肌

执行过程

1. 将3~5个锥筒摆成一个180度的圆弧。

2. 赤脚，单脚站在圆弧的中间。

3. 挺身站立，将抬起的脚伸到身后。

4. 同时，降低胸部使背与腿成直角。

5. 将手伸到锥筒处，触摸锥筒或者将一个球放在锥筒上面。

6. 站直身体，始终保持后面的脚离地。

7. 返回至T字姿势，并将手伸向另一个锥筒。

8. 重复该模式规定的回合数，或者在每个锥筒处放置和拿起一颗球。

涉及的肌肉

主要：趾长屈肌、屈趾短肌、踇长屈肌、踇短屈肌、蚓状肌、跖肌、趾长伸肌、趾短伸肌、腓骨长肌、腓骨短肌、腘绳肌（半腱肌、半膜肌和股二头肌）、臀大肌和股四头肌（股直肌、股外侧肌、股内侧肌和股中间肌）。

辅助：竖脊肌（髂肋肌、最长肌和棘肌）、腓肠肌、比目鱼肌、胫骨前肌、长收肌、短收肌、大收肌和股薄肌。

冰球关注点

旋转和单腿移动时的平衡能力在冰球运动中至关重要。脚踝的力量和稳定性对于伤病预防来说很重要。此外，运动员应该练习穿冰鞋运动时的平衡性，这会使运动员滑冰和守门员在柱间移动时得到更加强有力的初始推力。

变式

不稳定的伸手T字平衡摸锥筒

为了增加保持平衡的挑战性，可在不稳定的表面上执行该练习，如在平衡垫或者稳定盘上面。

点颈

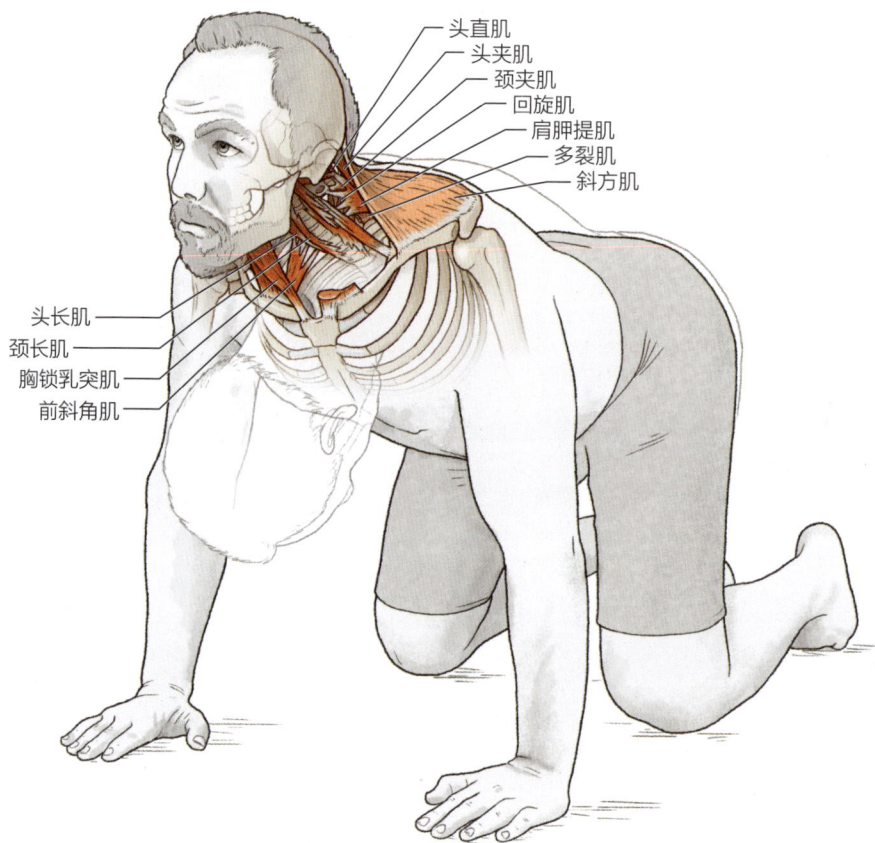

头直肌
头夹肌
颈夹肌
回旋肌
肩胛提肌
多裂肌
斜方肌

头长肌
颈长肌
胸锁乳突肌
前斜角肌

执行过程

1. 摆出四肢爬地姿势。
2. 将下巴尽可能紧贴胸部，并且将该收缩状态保持3秒。
3. 一边向后上方抬起头部，一边尽可能向上看，并且将该收缩状态保持3秒。
4. 缓慢地重复规定的次数，要确保所有的运动都来自颈部。

涉及的肌肉

主要：胸锁乳突肌、前斜角肌、头长肌、颈长肌、肩胛提肌、头夹肌、颈夹肌和头直肌。

辅助：斜方肌、多裂肌和回旋肌。

冰球关注点

强壮的颈部有助于吸收作用在头部的冲击。头部执行或承受猛击时可以通过颈部的力量来保持稳定。强壮的颈部肌肉会增强颈部稳定性，并且有助于防止头部遭受猛击期间的鞭鞘效应。

变式

等长健身球颈桥

面向墙壁站定。将一个健身球，如抗力球，放在头和墙之间。双脚移离墙壁，让身体与墙壁形成一定角度。始终用头将球压在墙上。保持规定的时间。改变姿势，分别用身体两侧和头部的后侧执行该练习。

举重椅颈桥

躺/趴在一个放平的举重椅上，头部悬在椅子边缘以外。面朝上躺着来锻炼前侧颈部肌肉，面朝下趴着来锻炼后侧颈部肌肉，侧躺着来锻炼对侧的颈部肌肉。用可控的运动将重物缓慢地朝地面降低。然后，利用颈部以可控的运动将重物举向天花板。将一个5~10磅（2~5千克）的配重片保持在头部上方，锻炼头部的前侧、两侧和后侧。随着力量的增加逐渐增大阻力。如果要使用重物，务必要使用较轻的重物，并且要缓慢地执行，确保不要"猛拉"重物。运动应当受控并且缓慢，并且只能经过个人特定的关节活动范围。活动范围不应当是受限的。

作者简介

迈克尔·特里（Michael Terry），医学博士，是芝加哥黑鹰队的队医主管，并且是西北大学田径运动队和美国奥运排球队的队医。他还是西北大学运动医学项目的负责人以及骨外科的查尔斯医生和莱斯利·斯诺夫（Leslie Snorf）的教授。

特里以优异的成绩毕业于伊利诺斯大学，并获得了机械工程系生物工程专业的学位。他随后就读于芝加哥大学普利茨克分校的医学院，在那里他再次以优异的成绩毕业，并获得了外科专业和临床医学专业的最高荣誉。

特里在康奈尔大学著名的特种外科医院完成了驻院实习。那里有一个团队被授予了最令人垂涎的肩部外科研究奖——尼尔奖，而特里正是该团队的一员。接着他前往科罗拉多州韦尔市有名的斯蒂德曼·霍金斯专科医院获取了运动医学奖学金。

在加入西北大学的球队之前，特里是芝加哥大学的一名教学人员。在那里，他孜孜不倦地开展运动医学和肩部外科研究。医学院的学生将特里选为了他们最喜欢的教学人员。

保罗·古德曼（Paul Goodman）是芝加哥黑鹰队的力量与体能教练，并且负责团体内所有球员整整一年的比赛和休赛训练方案。他还与体育医务人员合作来指导受伤运动员的康复训练。

古德曼加入黑鹰队之前曾在佛蒙特大学（University of Vermont，UVM）做过6年的力量与体能训练主教练。2006年，美国国家体能协会（National Strength & Conditioning Association，NSCA）任命古德曼为当年的州负责人，并且他还是NSCA年度大学力量与体能教练奖的决赛选手。除了在UVM任职过，古德曼还与美国女子冰球队和纽约游骑兵队共事过一段时间。

古德曼是威斯康星大学1996届的毕业生，他在2002年获得了硕士学位，那时他还是威斯康星大学獾队力量与体能训练组的一员。他从芝加哥康考迪亚大学获得了第二个应用运动科学的硕士学位，目前他正在那里攻读健康与人体运动专业的博士学位。

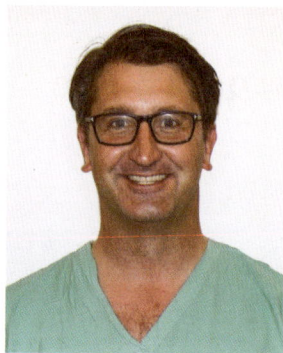

译者简介

史东林，乌克兰哈尔科夫国立体育科学院博士，北京体育大学博士后。研究员，博士生导师。现任河北体育学院副校长。兼任河北省体育科学学会副理事长、河北省健康学会体医融合与健康管理分会名誉主任委员、中华中医药学会运动医学分会常委及中国体育科学学会体能训练分会常委。

近年来，主持国家重点研发计划一项参与国家科技部重大项目"冬季项目运动员专项能力特征和科学选材关键技术"的研究并主持两项子课题，主持国家体育总局课题"功能性体能训练对聋哑人平衡能力的影响研究"及中国博士后科学基金项目、河北省科技厅科技冬奥专项等省部级以上课题十余项。曾获得河北省科技进步奖4项。